개념어로 말해봐

(문화·철학)

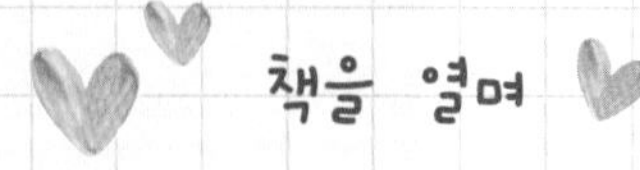

지식의 열매를 맺게 하는 개념어

자기가 읽은 책의 내용을 제대로 이해하려면 개념어의 의미를 알아야 합니다. 학교에서 우등생이 되려고 해도 마찬가지지요. 교과서에 나오는 개념어의 의미를 깨달아야 학업 능력이 높아지니까요. 요즘 들어 '문해력'이라는 말을 자주 듣게 됩니다. 단순히 글을 읽는 것에 그치지 않고 단어와 문장, 나아가 글 전체의 내용을 정확히 이해하는 능력을 가리키는 용어지요. 매일 접하는 정보의 양이 많아질수록 그 속뜻을 헤아릴 줄 아는 문해력이 뛰어나야 교양인이라고 할 만합니다. 그 첫걸음 역시 개념어 공부지요.

개념어는 '생각씨앗'이라고 할 수 있습니다. 그러니까 개념어가 생각의 싹을 틔우고, 생각을 무럭무럭 자라나게 하는 시작점이라는 말이지요. 생각의 씨앗이 튼실하지 않으면 이해력뿐만 아니라 상상력도 좋아지기 어렵습니다. 개념어를 폭넓게, 깊이 있게 익혀둬야 지식의 열매를 풍성하게 맺을 수 있습니다.

우리는 하루에도 숱한 개념어와 마주합니다. 학교 수업을 비롯해 뉴스를 듣거나 인터넷 검색 등을 똑바로 활용하려면 더욱 적극적으로 개념어의 세계에 발을 들여놓아야 합니다. 또 나중에 여러분이 중고등학교에 진학하면 지금 공부하는 여러 개념어가 학습 활동의 단단한 기초가 될 것이 틀림없습니다.

이 책 『개념어로 말해봐』 시리즈는 모두 5권으로 구성했습니다. 1권 정치 · 경제, 2권 사회 · 세계, 3권 문화 · 철학, 4권 과학 · 지리, 5권 역사 · 상식으로 분류했지요. 그리고 개별 항목마다 32가지 개념어를 다루어, 각 권에 64가지 개념어를 설명해놓았습니다. 5권을 더하면 개념어의 수가 총 320가지에 이르지요. 현대 사회는 워낙 다양한 정보가 넘쳐납니다. 하루가 멀다 하고 새로운 개념어가 생겨나기도 하지요. 그러므로 이 책에서 다룬 320가지 개념어부터 확실히 알아두면 앞으로 여러분이 독서하고, 토론하고, 공부하는 데 훌륭한 길잡이가 될 것이라고 믿습니다.

*3권에서는 [문화]와 [철학] 관련 개념어를 알아봅니다. 때때로 어려운 내용이 있지만, 인간의 본질에 관한 인문학 지식을 쌓는 첫 단계입니다.

생각씨앗을 전하며,

콘텐츠랩

[문화]관련 개념어

책을 열며

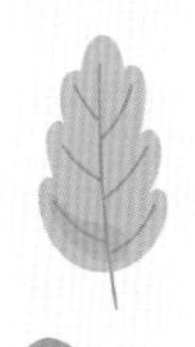

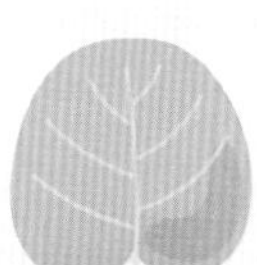

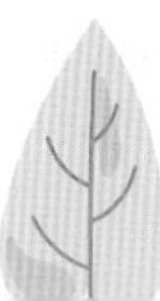

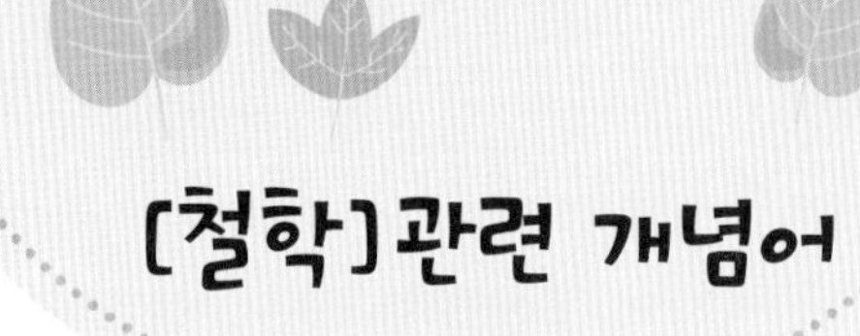

[철학] 관련 개념어

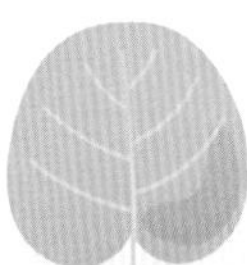

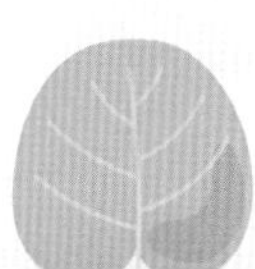

1

우등생이 공부하는
32가지 생각 씨앗

[문화]

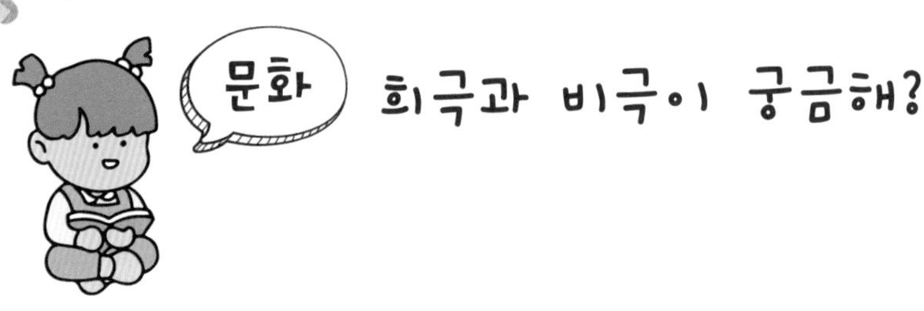

희극과 비극이 궁금해?

인생은 웃고, 울고, 울다 웃고, 웃다 울고

연극과 드라마처럼 극 형식을 띠는 작품은 내용에 따라 '희극'과 '비극'으로 구분합니다. 희극은 힘겨운 삶과 복잡한 사회 현실을 경쾌하고 따뜻하게 그려내지요. 웃음을 바탕으로 인간의 욕망과 어리석음을 풍자하며, 어렵고 어두운 주제를 해학으로 풀어냅니다.

그와 달리 비극은 주로 슬픔, 파멸, 패배 따위를 주제 삼아 그 결말까지 비참한 분위기를 자아냅니다. 비극에 등장하는 인물들은 피할 수 없는 운명과 마음의 갈등 탓에 괴로워하지요. 그렇다고 비극의 목적이 관객에게 두려움을 전하는 것은 아닙니다. 관객은 비극을 통해 삶에 대해 새삼 진지하게 생각하고, 사회 현실을 깊이 고민하게 됩니다.

그런데 인간의 삶에 단순히 희극과 비극만 있을까요? 그렇지 않습니다. 사람들은 대부분 웃다가 울고, 울다가 웃으며 하루하루를 살아가지요. 그래서 연극과 드라마의 내용을 구분할 때 희극과 비극에 '희비극'이라는 용어를 더하기도 합니다.

한 걸음 더 (1) 희극과 희곡을 헷갈리지 마

희극과 '희곡'을 제대로 구분하지 못하는 경우가 있습니다. 두 용어는 의미가 전혀 다르지요. 희곡은 공연을 목적으로 하는 연극 대본을 가리키는 말입니다. 희곡의 내용은 희극일 수도, 비극일 수도 있지요. 희곡은 그 자체로 문학 작품이면서 연극의 구성 요소 중 하나입니다. 등장인물이 주고받는 대사를 중심으로 이야기를 전개하지요. 거기에 무대 장치가 더해집니다.

한 걸음 더 (2) 희극, 비극, 희비극에는 어떤 작품들이 있지?

희극은 웃음 속에 재미와 깨달음을 전합니다. 셰익스피어의 『한여름 밤의 꿈』, 『말괄량이 길들이기』, 몰리에르의 『수전노』를 예로 들 수 있지요. 비극은 형식과 내용을 통해 인생의 슬픔을 뚜렷이 드러냅니다. 셰익스피어의 4대 비극 『햄릿』, 『리어왕』, 『오셀로』, 『맥베스』가 주요 작품이지요. 그리고 희극과 비극이 뒤섞인 희비극으로는 셰익스피어의 『베니스의 상인』을 이야기할 수 있습니다.

나의 생각메모

추상화와 구상화가 궁금해?

그림에 담긴 화가의 생각과 마음을 알고 싶어

평면 위에 색채 등을 이용해 형상이나 이미지를 그려내는 미술 행위를 '회화'라고 합니다. 회화 작품은 다시 '추상화'와 '구상화'로 구별하지요.

추상화는 사물이나 풍경을 '점'과 '선'과 '면'을 이용해 표현한 미술 작품을 말합니다. 화가 자신의 주관이 강하게 드러나는 추상화는 단지 몇 개의 선이나 면으로 강과 산을 그려내고는 하지요. 삼각형과 사각형만으로 고요한 마을을 표현하기도 하고요. 그렇듯 추상화는 대상을 단순하게 표현하기 때문에 감상하는 사람들이 쉽게 이해하기 어려운 면이 있습니다. 네덜란드 화가 피에트 몬드리안과 러시아 화가 바실리 칸딘스키가 추상화의 선구자로 평가받지요.

추상화와 달리 구상화는 눈에 보이는 현실 세계를 사실대로 묘사합니다. 그렇다고 풍경이나 사물을 있는 그대로 베껴내는 것은 아니지요. 현실 세계를 사실적으로 묘사하면서도 그 안에 화가의 감상을 담아내니까요. 당연히 구상화에서도 새로운 기법에 관한 탐구는 끊임없이 이루어지고 있습니다.

한 걸음 더 (1) 추상화의 역사

추상화는 '비구상화'라고도 합니다. 그 역사는 유럽에서 1910년 무렵부터 시작되었지요. 그리고 제2차 세계 대전 후에는 유행이라고 할 만큼 추상화를 그리는 화가들이 많아졌습니다. 원래 구상화라는 말이 없었는데, 추상화와 구별하기 위해 그 용어가 생겨날 정도였지요. 우리나라의 추상화 역사는 1930년대 일본 유학파였던 김환기, 유영국, 이규상 등을 통해 시작되었습니다.

한 걸음 더 (2) 우리나라 전통 회화, 한국화

말 그대로 '서양화'는 서양에서 발생해 발달한 그림, '동양화'는 중국을 비롯한 동양의 전통 회화를 일컫습니다. 그런데 특별히 우리나라의 전통 회화를 가리킬 때는 '한국화'라는 용어를 사용하지요. 물론 우리나라도 동양의 한 나라니까 넓게 보면 동양화가 맞습니다. 프랑스 그림이든, 네덜란드 그림이든 모두 서양화라고 하니까요. 하지만 동양화는 서양화와 구별하는 말이지 우리나라 고유의 회화를 의미하는 것은 아닙니다. 한국화에는 여느 동양화와 다른 개성이 있습니다.

나의 생각메모

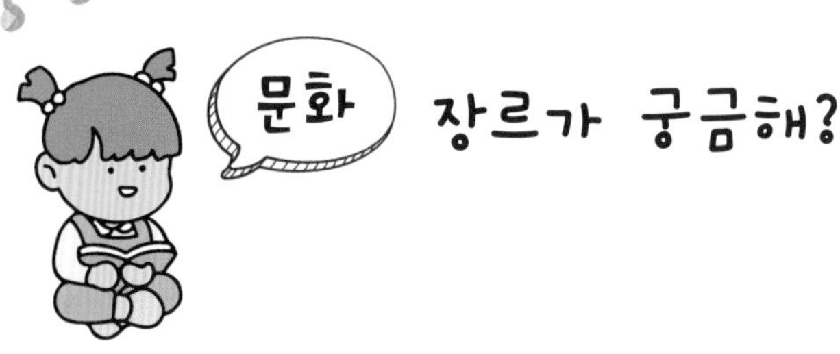

작품들을 몇 가지 갈래로 나눌 수 있어

문학 작품을 몇 가지 분야로 구분할 수 있습니다. 시, 소설, 희곡, 평론, 수필, 동화 따위가 그것이지요. 그리고 시를 다시 정형시와 자유시로 나누는 것처럼 좀 더 세밀하게 구분할 수도 있습니다.

영화도 마찬가지입니다. 멜로, 액션, 스릴러, 코미디, 공포, 공상과학 등 형식과 내용에 따라 몇 가지 종류로 구분할 수 있지요. 음악 역시 재즈, 발라드, 블루스, 포크 , 힙합, 로큰롤 같은 몇 가지 갈래가 존재합니다.

그처럼 예술 작품의 서로 다른 양식을 의미하는 개념어를 '장르'라고 합니다. 프랑스어로, '공통의 특징을 지닌 부류나 무리'를 일컫지요. 앞서 이야기한 문학과 영화, 음악은 물론 애니메이션이나 게임에도 여러 가지 장르가 있습니다. 이를테면 게임은 롤플레잉 게임, 액션 게임, 슈팅 게임 등을 예로 들 만합니다.

그런데 요즘은 장르의 폐쇄성이 사라지고는 합니다. 한 편의 영화에 두세 가지 장르가 뒤섞이는 식이지요. 장르보다 중요한 것은 창작자의 자유로운 상상력입니다.

한 걸음 더 (1) 장르에 갇히면 안 돼

예술 작품에 있어 장르는 형식과 내용의 구별일 뿐입니다. 예술가는 장르를 뛰어넘어 자신의 상상력을 마음껏 발휘할 줄 알아야 하지요. 왜냐하면 예술 작품은 '일관되게 나타나는 비슷한 모습', 즉 '클리셰'를 피해야 하기 때문입니다. 클리셰는 프랑스어로, '낡고 새롭지 못한 진부한 표현'이지요. 장르가 예술가의 상상력을 가두는 감옥이 되면 절대 안 됩니다.

한 걸음 더 (2) 장르의 유래

프랑스어 '장르(Genre)'는 '종류'를 뜻하는 라틴어 'Genus'에서 유래했습니다. 처음에는 생물학 용어로 사용되다가, 문학에서도 작품을 구별하기 위해 그 용어를 쓰기 시작했지요. 그 후 18세기 들어 여러 예술 분야가 장르라는 개념어를 받아들였습니다. 예를 들어 미술을 회화와 조소 같은 장르로, 회화를 다시 풍경화, 정물화, 초상화 등으로 구분한 것입니다.

나의 생각메모

관악기와 현악기가 궁금해?

악기도 몇 가지 종류로 구분할 수 있어

음악을 연주하는 데 쓰는 기구를 악기라고 합니다. 악기는 동양 악기와 서양 악기가 다르고, 또 같은 동양 악기라도 우리나라와 중국의 것이 서로 다르지요. 하지만 거의 모든 악기가 입으로 불거나, 줄을 퉁기거나, 손 따위로 두들겨 소리를 낸다는 공통점도 있습니다.

입으로 불어 소리를 내는 악기는 '관악기'라고 합니다. 관악기는 나무나 금속으로 된 관을 입으로 불어 그 속의 공기를 진동시켜 소리를 내지요. 나무로 만들었으면 목관악기, 금속으로 만들었으면 금관악기로 분류합니다.

손이나 도구를 사용해 줄을 연주하여 소리를 내는 악기는 '현악기'라고 합니다. 악기에 달린 줄(현)을 손톱으로 퉁기거나, 활로 켜거나, 채로 쳐서 소리를 내지요. 줄의 수는 한 개짜리도 있고, 수십 개로 구성되어 있는 것도 있습니다.

또한 손이나 도구로 두들기거나 부딪쳐 소리를 내는 악기는 '타악기'라고 합니다. 타악기는 비비고 흔드는 방식으로 연주하는 것 등 종류가 꽤 다양하지요.

한 걸음 더 (1) 관악기·현악기·타악기 종류

관악기로는 우리 악기 피리와 퉁소를 이야기할 수 있습니다. 그 밖에 플루트, 클라리넷, 오보에, 호른, 트럼펫, 트롬본 등도 관악기에 속합니다. 아울러 퉁소는 목관악기, 플루트는 금관악기라고도 하지요. 현악기는 우리 악기 가야금, 거문고, 해금을 비롯해 서양 악기 바이올린, 비올라, 첼로, 하프 등입니다. 타악기에는 장구, 꽹과리, 북, 징, 심벌즈, 팀파니, 실로폰, 탬버린 등이 있습니다.

한 걸음 더 (2) 전자악기도 빼놓지 마

현대 사회는 첨단 문명이 발달하면서 악기에도 변화가 생겼습니다. 컴퓨터 프로그램이나 각종 전자기기를 이용해 소리 내는 '전자악기'가 다양하게 개발됐지요. 전통적인 악기들에 비해 늦게 등장했지만 그 쓰임새는 빠르게 늘어갈 것입니다. 전자악기의 종류에는 신디사이저, 드럼머신, 키보드, 사운드모듈 등이 있습니다.

나의 생각메모

오케스트라가 궁금해?

웅장하고 아름다운 선율에 빠져 봐

관악기, 현악기, 타악기가 조화를 이뤄 아름다운 선율을 들려주는 것을 '오케스트라'라고 합니다. 우리말로는 '관현악'이라고 하지요.

대규모 오케스트라는 보통 100여 명이 넘는 연주단으로 구성합니다. 지휘자 바로 앞에서부터 1군은 현악기, 2군은 목관악기, 3군은 금관악기, 4군은 타악기로 편성하지요. 그러나 오케스트라의 악기 배치는 고정적이지 않습니다. 지휘자의 개성이나 연주회장의 음향 상태에 따라 자리를 바꾸기도 하지요. 또한 오케스트라는 연주자 수와 악기 수가 다를 때가 있습니다. 왜냐하면 한 연주자가 종종 2개 이상의 악기를 연주하기 때문입니다.

오케스트라는 크게 '심포니오케스트라'와 '체임버오케스트라'로 구분합니다. 심포니오케스트라는 60~120명 정도의 연주자가 팀을 이루지요. 대개 그런 오케스트라를 교향악단이라고 합니다. 그리고 체임버오케스트라는 15~50명 정도로 구성된 실내관현악단을 일컫습니다. 현악기를 중심으로 하며, 지휘자가 없는 경우도 많지요.

한 걸음 더 (1) 스트링오케스트라도 알아둬

체임버오케스트라보다 더 바이올린, 비올라, 첼로, 콘트라베이스 같은 현악기를 위주로 하는 오케스트라가 있습니다. 그 악단에는 약간의 타악기나 피아노가 더해질 뿐 관악기는 없지요. 그것을 '스트링오케스트라'라고 합니다. 그 밖에 오페라나 발레 같은 무대 공연 작품에서 연주하는 '오페라오케스트라'도 있습니다.

한 걸음 더 (2) 필하모닉오케스트라는 뭐야?

세계 유명 오케스트라 중에 '베를린필하모닉오케스트라', '빈필하모닉오케스트라', '런던필하모닉오케스트라' 등이 있습니다. 그런데 '필하모닉오케스트라'는 오케스트라의 또 다른 종류가 아니지요. '필하모닉'은 '화음을 사랑하다.'라는 뜻입니다. 원래 필하모닉오케스트라는 왕실이나 정부가 아니라 음악을 좋아하는 시민들의 후원으로 창단한 오케스트라를 가리켰지요. 하지만 지금은 특별한 의미 없이 몇몇 심포니오케스트라에 쓰이고 있습니다.

나의 생각메모

오페라가 궁금해?

말이 아닌 음악으로 이야기할 수 있어

음악을 중심으로 연극과 무용, 미술 등이 어우러진 종합 무대 예술을 '오페라'라고 합니다. 오페라에는 성악가들이 출연해 노래로 대사를 전달하지요. 독창과 합창, 관현악이 아름다운 조화를 이루며 한 편의 오페라를 완성합니다.

오페라는 16세기 말 이탈리아에서 시작된 음악극입니다. 오늘날 악보가 전해지는 가장 오래된 오페라 작품은 「에우리디케」 지요. 그 후 오페라는 독일, 프랑스, 러시아 등 유럽 여러 나라로 퍼져나가며 크게 발전했습니다.

오페라는 주인공이 대부분 여자라는 특징이 있습니다. 「아이다」 처럼 제목부터 여주인공의 이름을 내건 작품도 꽤 되지요. 또한 오페라는 거의 비극이라, 여주인공이 희생되거나 죽음으로 막을 내리는 경우가 많습니다.

대표적인 오페라 작품으로는 주세페 베르디의 [리골레토], [라 트라비아타], [아이다]가 있습니다. 자코모 푸치니의 [나비부인], 볼프강 모차르트의 [피가로의 결혼], 카를 마리아 폰 베버의 [마탄의 사수] 등도 유명합니다.

한 걸음 더 (1) 프리마돈나가 알고 싶어

오페라의 여주인공을 '프리마돈나'라고 합니다. 프리마돈나는 이탈리아어로 '제 1의 여인'이라는 뜻이지요. 일반적으로 소프라노 성악가가 프리마돈나 역할을 맡습니다. 그런데 요즘은 프리마돈나가 어떤 분야에서든 최고의 자리에 오른 여성을 표현하는 말로 쓰이고는 합니다. 그 의미가 오페라 밖으로 넓어진 것이지요. 한편, 오페라의 남자 주인공은 '프리모우오모'라고 부릅니다.

한 걸음 더 (2) 무려 16시간이나 공연한다고?

리하르트 바그너의 오페라 「니벨룽의 반지」는 공연하기 어렵기로 소문난 작품입니다. 출연진 등 동원되는 사람만 300명이 넘고 무대를 꾸미는 장비 무게도 15톤에 이르지요. 총 공연 시간도 16시간이나 걸리고요. 바그너는 독일 민족의 신화를 바탕으로 한「니벨룽의 반지」를 완성하는 데 26년의 긴 세월을 바쳤습니다.

나의 생각메모

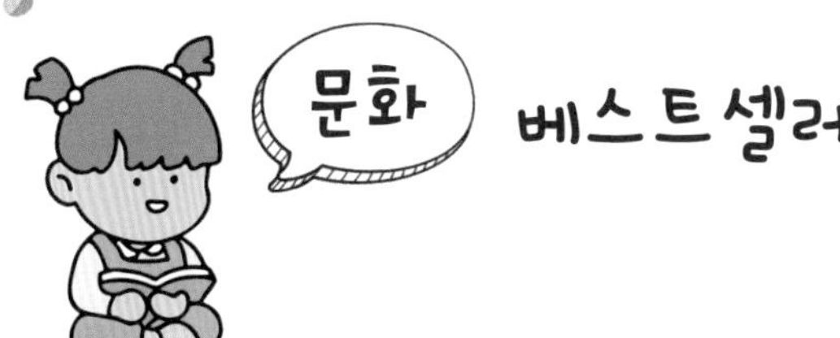

많이 팔리면 좋은 책일까

'베스트셀러(best seller)'는 주로 '가장 많이 팔린 책'이라는 의미로 쓰입니다. 영어 그대로 해석하면 '가장 잘 파는 사람'이겠지만, 20세기 들어 출판 관련 용어로 자리 잡았지요. 당시 미국의 한 잡지사에서 전국적으로 어느 책이 잘 팔리는지 순위를 조사해 발표한 것이 계기였습니다.

베스트셀러는 일정 기간 동안 어떤 책이 많이 팔렸는지에 관한 통계입니다. 시대의 흐름을 꿰뚫거나 그 사회의 유행을 잘 반영한 책이 베스트셀러가 될 가능성이 높지요. 더불어 출판사의 홍보와 작가의 유명세도 중요한 역할을 합니다.

세계 역사상 최고의 베스트셀러는 다름 아닌 『성서』입니다. 그런 사실은 기독교 인구가 많은 것과 관련 있지요. 2000년대에는 『해리 포터』 시리즈가 대표적인 베스트셀러로 평가받습니다. 전체 7권으로 완간된 『해리 포터』 시리즈는 지금까지 67개 언어로 번역되어 5억 부 넘게 판매되었지요. 그와 같은 성공은 영화로도 이어져 10년 동안 8편이나 되는 작품이 제작되었습니다.

한 걸음 더 (1) 스테디셀러는 뭐가 다를까?

출판 산업에서 베스트셀러 못지않게 책 판매량과 관련된 주요 용어는 '스테디셀러'입니다. 그것은 오랜 기간 꾸준히 팔리는 책을 가리키지요. 이를테면 『성서』는 베스트셀러이자 스테디셀러입니다. 지금도 여전히 기독교 신자들을 중심으로 활발히 판매되고 있으니까요. 스테디셀러 목록에는 짧은 기간 폭발적으로 팔리고 사라지는 베스트셀러보다 더 높은 가치를 지닌 명작이 많습니다.

한 걸음 더 (2) 대한민국 최고 베스트셀러는?

우리나라 역대 최고 베스트셀러는 홍성대가 펴낸 고등학교 수학 참고서 『수학의 정석』과 어린이 책『와이(Why)』시리즈입니다. 모두 4천만 권 넘게 팔렸다고 하지요. 이문열이 우리말로 옮긴 『삼국지』와 이원복의 『먼 나라 이웃 나라』 등도 1천800만 부 이상 판매되었고요. 그 밖에 여러 출판사에서 나온 책을 다 더하면 『자동차 운전면허 예상 문제집』이 2천만 부나 팔렸다고 합니다.

나의 생각메모

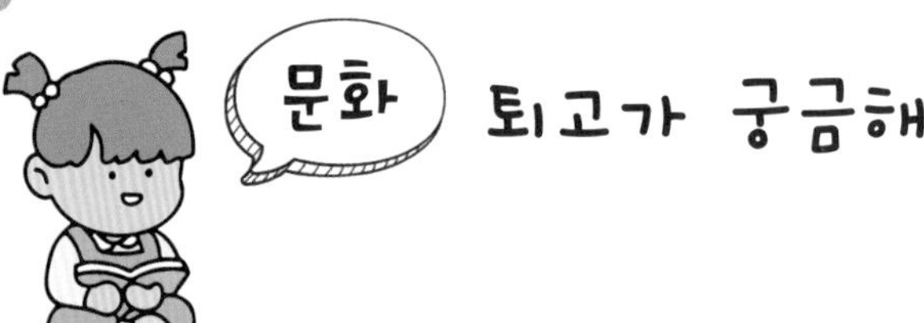

좋은 글을 쓰려면 꼭 이렇게

아무리 유명한 작가나 학자라도 긴 글을 한 번에 완성하기는 어렵습니다. 그들은 한 편의 글을 쓰면서 여러 번 반복해 곱씹어보지요. 글이란 써놓고 다시 들여다보면 부족한 점이 눈에 띄게 마련입니다. 심지어 '내가 왜 이런 생각을 했지?' 하며 자신에게 되묻기도 하고요. 그러므로 좋은 글을 쓰려면, 자기가 쓴 글을 곰곰이 읽어가며 고치고 다듬는 '퇴고'가 반드시 필요합니다.

퇴고의 '퇴'는 한자어로 '밀다'라는 뜻을 담고 있습니다. 그리고 '고'는 '두드리다'라는 의미를 갖고 있지요. 중국 당나라의 한 시인이 시를 쓰면서 한 구절을 '문을 미네(퇴)'로 쓸지, '문을 두드리네(고)'로 쓸지 매우 오랫동안 고민했다고 합니다. 그 일화에서 유래한 개념어가 바로 퇴고지요.

대부분의 훌륭한 글은 치열한 퇴고의 과정을 거쳐 탄생합니다. 자신이 쓴 문장에 틀리거나 빠뜨린 것은 없는지 교정하고, 논리적으로 앞뒤가 맞는지 여러 차례 검토해봐야 비로소 한 편의 짜임새 있는 글이 완성됩니다.

한 걸음 더 (1) 어떤 글에는 육하원칙이 필요해

'육하원칙'이란 '누가, 언제, 어디서, 무엇을, 어떻게, 왜'의 여섯 가지 기본적인 원칙을 말합니다. 뉴스 보도처럼 사실을 바탕으로 한 글을 쓸 때는 육하원칙을 명심해야 하지요. 만약 신문 기사에서 육하원칙 중 하나라도 빠지면 애써 취재한 사건의 진실이 정확히 전달되지 않습니다. 누가 그 일을, 몇 월 며칠 몇 시에, 어느 장소에서, 어떤 상대에게, 무슨 방법으로, 왜 그랬는지 전부 밝혀야 하지요.

한 걸음 더 (2) 기승전결이 필요한 글도 있지

논리성이 강조되는 글에는 '기승전결'이 있어야 합니다. '기'는 글을 시작하는 부분, '승'은 내용을 본격적으로 전개하는 부분, '전'은 지금까지 전개해온 내용의 반전이나 감춰진 진실을 드러내는 부분, '결'은 글을 끝맺는 부분을 말하지요. 원래 기승전결은 한시의 시구를 구성하는 방법이었습니다. 먼저 시상을 불러일으키고, 그 이미지를 확장시키며, 시상을 전환해 강렬한 의미를 전달하다가, 여운을 남기면서 끝맺음하는 것을 가리켰지요.

나의 생각메모

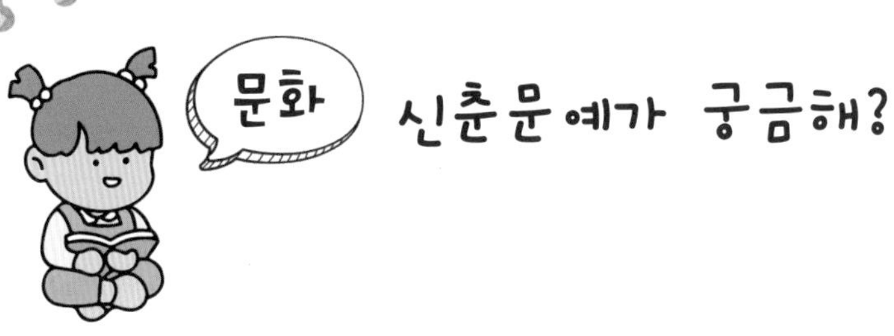

새해 첫날 신문에 실리는 문학 작품

우리나라 문학계에는 '등단' 제도가 있습니다. 등단이란, 작가로서 활동할 수 있는 자격을 인정받는 것이지요. 등단하는 방법은 몇 가지가 있는데, 그 가운데 가장 화려한 길이 신문사에서 주최하는 '신춘문예'입니다. 신춘문예 당선자는 1월 1일자 신문을 통해 그 이름이 전국에 알려지지요. 작가가 되려는 사람에게 새해 첫날 자신의 작품이 신문에 큼지막하게 실리는 것은 큰 기쁨입니다.

그런데 신춘문예는 우리나라에만 있는 문학 행사입니다. 대부분의 신문사가 해마다 장르별로 상금을 내걸고 문학 작품을 모집하는 나라는 없지요. 1925년 맨 처음 「동아일보」가 신춘문예를 시작한 후, 우리나라의 숱한 작가들이 외국에는 없는 독특한 제도인 신춘문예를 통해 등단했습니다.

그렇다고 신춘문예라는 말을 신문사에서만 쓸 수 있는 것은 아닙니다. 요즘은 인터넷 사이트나 잡지사에서도 신춘문예 작품 모집을 하는 곳이 여럿 있지요. 하지만 역사로 보나 권위로 보나 아직은 신문사의 신춘문예와 비교하기 어렵습니다.

한 걸음 더 (1) 신춘문예만 길이 아니야

앞서 말했듯 신춘문예가 가장 화려하기는 하지만, 수준 높은 문학잡지에 작품을 발표해 등단하는 방법도 있습니다. 오히려 문학잡지는 신문보다 문학에 대해 훨씬 전문적이라 개성 있는 작품 세계를 가진 사람들이 재능을 인정받기 좋지요. 그러나 어느 길로든 등단했다고 곧 훌륭한 작가가 됐다고 말할 수는 없습니다. 등단은 단지 작가로서 출발선에 서게 되었다는 것을 의미할 뿐이니까요.

한 걸음 더 (2) 작가가 책을 내면 인세를 받아

작가가 작품을 창작해 출판하면 지식재산권을 갖게 됩니다. 책을 펴낸 출판사는 작가에게 저작권 사용료를 지불해야 하지요. 그것을 일컬어 '인세'라고 합니다. 과거에는 책마다 작가가 출판을 허락하는 도장을 찍었기 때문에 한자로 '도장 인(印)' 자가 들어간 인세라는 용어를 쓰게 됐습니다. 책값에서 인세의 비율은 계약 조건에 따라 다른데, 보통 10퍼센트 안팎으로 결정합니다.

나의 생각메모

햄릿형과 돈키호테형이 궁금해?

이런 사람도 있고 저런 사람도 있어

영국 작가 윌리엄 셰익스피어는 평생 37편의 희곡 작품을 남겼습니다. 특히 그의 4대 비극 중 하나로 손꼽히는 『햄릿』은 오늘날에도 꾸준히 무대에 오르고 있지요. 그 작품은 '사느냐 죽느냐, 이것이 문제로다.'라는 명대사로 유명합니다.

『햄릿』의 주인공 햄릿은 작품 속 등장인물을 넘어 인간의 성격 유형을 설명할 때 자주 인용됩니다. 너무 생각이 많아 결심과 행동이 늦어지는 사람을 흔히 '햄릿형' 인간이라고 하지요. 햄릿은 늘 고민하고 망설일 뿐 과감하게 실천하지 못하는 인물입니다. 하지만 햄릿형 인간이 단점만 있는 것은 아니지요. 그런 성격은 무척 신중해서 실수가 줄어드는 등 바람직한 면도 있습니다.

햄릿형 인간과 반대되는 성격은 '돈키호테형' 인간입니다. 스페인 작가 미겔 데 세르반테스의 소설 『돈키호테』의 주인공 돈키호테는 늘 행동이 앞서 현실 세계와 마찰을 일으키지요. 그래서 꼼꼼히 따져가며 행동하지 않는 사람, 섣불리 좌충우돌하는 사람을 돈키호테형 인간이라고 합니다.

한 걸음 더 (1) 그런 말을 누가 맨 처음 했지?

인간의 유형을 햄릿형과 돈키호테형으로 처음 나눈 사람은 이반 투르게네프입니다. 그는 표도르 도스토옙스키, 레프 톨스토이와 함께 러시아를 대표하는 작가지요. 투르게네프는 1860년 에세이 「햄릿과 돈키호테」를 발표해, 서로 다른 작품 속 두 인물을 인간 유형의 표본으로 자리 잡게 했습니다. '자신마저 불신하며 고민하는 햄릿'과 '용감하되 분별없이 행동하는 돈키호테'를 잘 대비시켰지요.

한 걸음 더 (2) 햄릿증후군이라는 말도 있어

선택의 순간에 결정을 잘 하지 못하는 성격이 있습니다. 그런 사람을 가리켜 '결정장애'가 있다고 말하지요. 자기 스스로 무엇을 먹을지, 어떻게 입을지, 나아가 무슨 일을 하며 살아갈지 결정하지 못하는 사람에게 '햄릿증후군'을 겪는다고도 표현합니다. 또한 그와 같은 모습을 자주 보이는 특정한 나이대의 사람들을 가리켜 '메이비(Maybe) 세대'라고 비판하지요. 우리말로는 '어쩌면 세대'라고 할 수 있습니다.

나의 생각메모

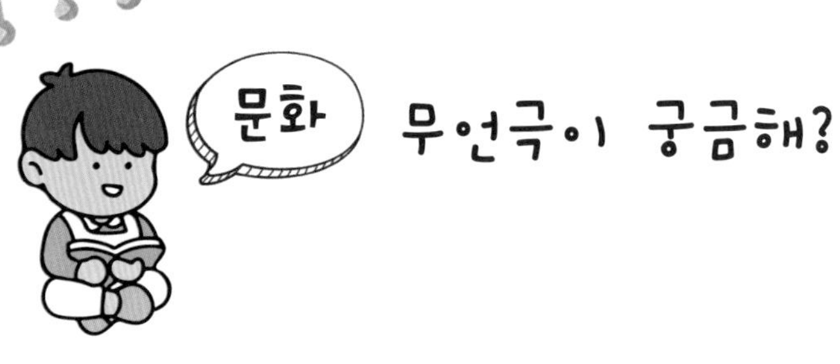

문화 무언극이 궁금해?

말이 없어서 더 상상해

연극 무대의 배우들은 대사를 통해 생각과 감정을 전달합니다. 거기에 더하는 표정과 몸짓이 대사의 의미를 더욱 두드러지게 하지요. 결국 배우의 연기는 대사를 비롯해 표정과 몸짓으로 이루어지는 셈입니다.

그런데 연극 장르 중에는 '무언극'이 있습니다. 영어로는 '마임' 또는 '팬터마임'이라고 합니다. 마임은 '흉내 내는 사람', 팬터는 '모든 것'이라는 뜻이지요. 그러므로 팬터마임은 '모든 것을 흉내 내는 사람'이라고 해석할 수 있습니다.

무언극은 '말 없는 연극'이라서, 오직 표정과 몸짓만으로 배우의 생각과 감정을 표현합니다. 언어로 전하는 대사와 달리 표정과 몸짓은 세계 어디에서나 통하는 공용어지요. 외국어를 몰라도 고맙다, 아프다, 반갑다, 배고프다, 모른다 등 기본적인 의사소통이 모두 가능합니다.

따라서 무언극은 대사 한마디 없는 배우의 연기만으로 어느 나라 관객에게나 감동을 전할 수 있습니다. 말이 없어 오히려 더 상상력을 불러일으키기도 합니다.

한 걸음 더 (1) 무언극에 등장하는 피에로

알록달록한 옷에 주름 잡힌 폭 넓은 옷깃을 달고 우스꽝스런 몸짓을 하는 어릿광대. 하얀 얼굴에 코와 입술을 과장되게 분장하고 늘 슬픈 표정을 짓는 그를 '피에로'라고 합니다. 피에로는 17세기 유럽에서 유행한 무언극에 등장했지요. 언뜻 보면 익살꾼 같지만 은근히 사회의 부조리를 비판해 관객에게 인기를 끌었습니다. 또한 유쾌한 연기 속에 쓸쓸한 분위기를 자아내 관객의 동정과 사랑을 받았지요.

한 걸음 더 (2) 무언극을 발전시킨 배우들

무언극을 이야기할 때 빼놓을 수 없는 두 인물이 있습니다. 그중 한 사람이 '장 루이 바로'지요. 그는 무언극이 '침묵의 연기'라며, 표정과 몸짓이 단지 언어를 대신하는 것이 아니라 새로운 연기를 창조하는 것이라고 말했습니다. 그리고 또 다른 한 사람은 '마르셀 마르소'입니다. 그의 무언극을 본 사람들은 '침묵의 시'를 창조했다며 아낌없는 찬사를 보냈지요. 마르소는 지금도 무언극의 전설로 평가받습니다.

나의 생각메모

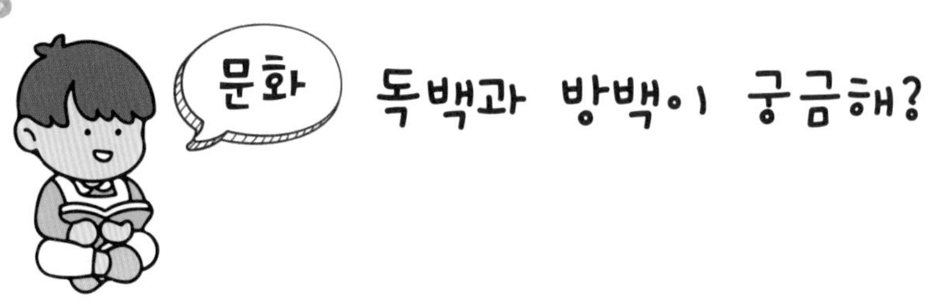

문화 독백과 방백이 궁금해?

대사라고 다 같은 대사가 아니야

연극 대사는 크게 배우끼리 주고받는 대화를 비롯해 '독백'과 '방백'으로 이루어집니다. 무대에서 배우가 하는 말하기 방식에 따른 구분이지요.

독백이란 무대 위의 배우가 상대 배우 없이 혼잣말로 하는 대사를 일컫습니다. 고전 희곡 중 윌리엄 셰익스피어의 「햄릿」, 「맥베스」 등이 독백의 묘미를 잘 살린 작품으로 평가받습니다. 이를테면 「햄릿」에 나오는 유명한 대사 "죽느냐 사느냐, 그것이 문제로다."가 다름 아닌 독백이지요.

그에 비해 방백은 다른 인물이 무대에 있지만, 그에게는 들리지 않고 오직 관객에게만 들리는 것으로 설정한 대사를 가리킵니다. 연극에서 배우의 생각을 표현하는 방법 중 하나지요. 연극이 가진 주요 특징인 방백은 관객에게 색다른 재미를 안겨주는 요소로 작용합니다. 한때 방백은 자연스럽지 못한 것으로 여겨져 연극 무대에서 사라진 적도 있지만, 오히려 현대 연극에서는 방백의 효과에 주목하는 희곡 작품이 적지 않습니다.

한 걸음 더 (1) 연극에 모노드라마가 있어?

다양한 형태의 연극 중 한 사람의 배우가 전체 공연을 이끌어가는 1인극을 '모노드라마'라고 합니다. 독백을 의미하는 그리스어 '모놀로그'와 '드라마'의 합성어지요. 18세기 독일에서 유행하기 시작한 연극 형태로, 배우의 연기 실력이 뛰어나야만 성공적인 공연을 펼칠 수 있습니다. 모노드라마는 등장인물의 내면에 주목하거나 깊이 있는 심리 변화를 담아내는 작품이 많지요.

한 걸음 더 (2) 단막극도 있고, 장막극도 있지

희곡에서는 무대 위 연극 진행을 '장'과 '막'으로 구분합니다. 장은 대부분 특별히 표시하지 않으며, 작품 속에 그려내는 사건의 전체적인 장면을 뜻하지요. 그와 달리 막은 연극 구성의 단계를 표시하는 중요한 역할을 합니다. 희곡 가운데 하나의 막으로 구성된 작품을 '단막극'이라고 합니다. 2개 이상의 막으로 나뉜 희곡은 '장막극'이라고 하는데, 한 작품이 보통 2~5개 막으로 이루어지지요. 장막극은 단막극에 비해 공연 시간이 길어지는 특징이 있습니다.

나의 생각메모

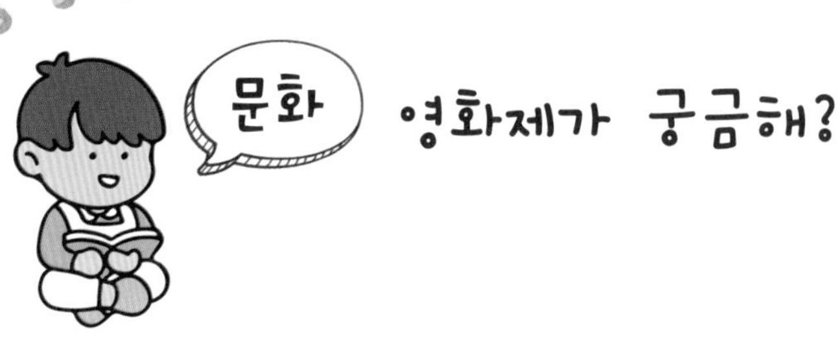

영화제가 궁금해?

감독과 배우만 레드카펫을 밟을 수 있지

여러 영화 작품을 한 자리에 모아 일정 기간 동안 상영하는 행사를 '영화제'라고 합니다. 주요 영화제에 참여하는 것은 영화인들에게 의미 깊은 일이지요. 나아가 영화제에서 수여하는 상을 받게 되면 무척 영광스런 일이기도 합니다.

일반적으로 '칸영화제', '베니스영화제', '베를린영화제'를 세계 3대 영화제로 인정합니다. 칸영화제는 프랑스 칸에서, 베니스영화제는 이탈리아 베니스에서, 베를린영화제는 독일 베를린에서 개최하지요.

1946년 시작된 칸영화제는 뛰어난 예술성과 함께 대중성도 어느 정도 갖춰야 높은 점수를 받습니다. 1등 상의 이름은 '황금종려상'이지요. 일찍이 1932년에 만들어진 베니스영화제는 세계 영화제 중 가장 오랜 전통을 자랑합니다. 무엇보다 훌륭한 예술성을 갖춘 작품에 높은 점수를 준다고 알려져 있지요. 1등 상의 이름은 '황금사자상'입니다. 1951년 시작된 베를린영화제는 당시 분단 국가였던 독일이 통일을 기원하며 만들었습니다. 1등 상의 이름은 '황금곰상'입니다.

한 걸음 더 (1) 여러 가지 의미를 갖는 영화제

영화제가 단순히 영화들을 한 곳에 모아 상영하는 행사는 아닙니다. 멋진 작품을 만든 영화인들에게 존경과 격려의 박수를 보내는 자리기도 하지요. 기쁜 마음으로 영화제를 찾은 감독과 배우들은 '레드카펫'을 밟으며 최고의 예우를 받습니다. 또한 영화제는 평소 영화를 즐겨 보는 관객들에게도 반가운 행사입니다. 자기가 좋아하는 감독과 배우들을 직접 만나볼 수 있으니까요. 영화제가 아니라면 그 많은 스타들을 한 자리에서 만나볼 기회를 갖기 어렵습니다.

한 걸음 더 (2) 부산국제영화제는 어때?

우리나라 부산에서도 1996년부터 국제 영화제를 개최하고 있습니다. 부산국제영화제는 어느덧 30년 가까운 역사를 이어오며 세계적인 영화 축제로 성장했지요. 그 규모도 세계 3대 영화제 못지않아 매년 70여 개 국가의 영화 300편 정도가 참여합니다. 특히 부산국제영화제는 아시아 국가의 좋은 영화를 발굴해 상영하고, 아시아의 재능 있는 감독과 배우들을 세계무대에 소개해 큰 주목을 받아왔습니다.

나의 생각메모

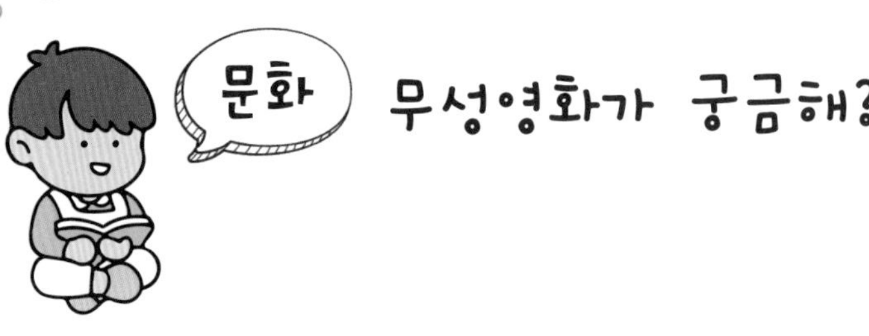

무성영화가 궁금해?

아무 소리도 들리지 않아

프랑스에서 태어난 오귀스트 뤼미에르와 루이 뤼미에르. 뤼미에르 형제는 영화를 처음 만든 사람들입니다. 그들은 사진이 아닌 움직이는 영상을 세계 최초로 제작했지요. 그 시작은 공장을 나서는 노동자들이나 역으로 들어오는 기차 같은 단순한 장면이었지만, 그것이 오늘날의 영화로 발전하는 첫 걸음이었습니다.

그런데 1895년 뤼미에르 형제가 첫 영화를 공개하고 나서 1927년까지 관객들은 소리 없는 영화를 보아야 했습니다. 화면에 소리를 입히는 녹음 기술이 미처 발달하지 못했기 때문이지요. 그 시절의 영화를 '무성영화'라고 합니다.

무성영화라고 해서 완성도가 낮았던 것은 아닙니다. 초기에는 단조로운 장면 위주였지만, 점점 개성 있는 기법과 다채로운 내용의 영화들이 나왔지요. 찰리 채플린의 「황금광 시대」, 세르게이 아이젠슈타인의 「전함 포템킨」 같은 훌륭한 영화들이 무성영화로 만들어졌습니다. 당시 일부 무성영화는 관객의 이해를 돕기 위해 필름에 자막을 넣어 등장인물의 대화나 줄거리를 설명하기도 했지요.

한 걸음 더 (1) 세계 최초의 유성영화는?

1927년, 32년 동안 계속된 무성영화 시대가 마침내 막을 내렸습니다. 화면에 소리를 입힌 첫 '유성영화' 「재즈 싱어」가 미국에서 상영됐지요. 그 영화에서 주인공이 "잠깐, 잠깐만 기다려. 넌 아무것도 듣지 못했잖아!"라고 말하는 순간, 관객들은 실제로 들리는 음성에 탄성을 질렀다고 합니다. 「재즈 싱어」에서 배우의 목소리를 입힌 것은 단지 몇 장면뿐이었지만 정말로 놀라운 변화였습니다.

한 걸음 더 (2) 활동사진에는 변사가 필요해

우리나라에 처음 소개된 영화도 무성영화였습니다. 당시는 '활동사진'이라고 했지요. 1923년에는 윤백남 감독이 우리나라 최초로 무성영화 「월하의 맹세」를 제작했습니다. 첫 유성영화는 1935년 이명우 감독이 만든 「춘향전」입니다. 한편 우리나라는 무성영화 시대에 '변사'라는 독특한 직업이 등장했습니다. 변사는 혼자서 목소리가 들리지 않는 모든 배우의 대화를 대신하며 상황을 설명했지요.

나의 생각메모

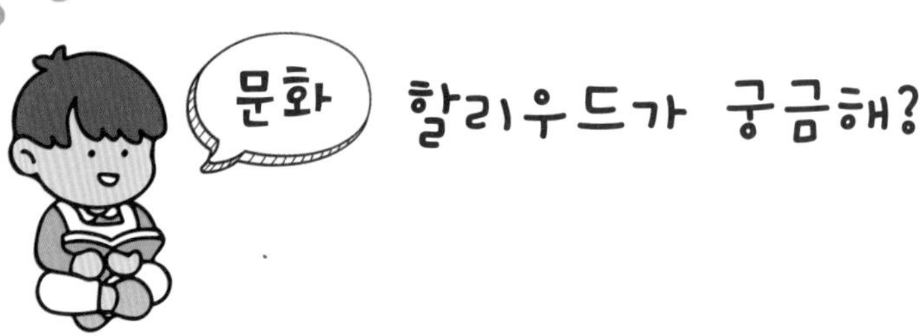

미국 영화를 상징하는 곳

전 세계에서 가장 많은 제작비를 투자하고, 최고의 첨단 기술을 이용해 영화를 만드는 나라는 미국입니다. 그 결과 많은 나라의 영화관이 미국 영화로 가득 채워지고 있지요. 그런 막강한 힘을 가진 미국 영화 산업의 중심지가 '할리우드'입니다. '할리우드 영화'라고 하면 곧 미국 영화를 가리키는 대명사나 다름없지요.

할리우드는 미국 로스앤젤레스에 자리하고 있습니다. 할리우드에는 영화에 관련된 모든 것이 있다고 해도 지나친 말이 아니지요. 촬영장과 영화관, 명배우들을 기억하게 하는 각종 기념물 등을 숱하게 볼 수 있으니까요. 그곳은 영화만을 생각하고, 영화만을 위해 존재하는 곳이라고 할 만합니다.

할리우드가 발전한 시기는 1920년대부터였습니다. 그 무렵 유럽에서 재능 있는 배우와 감독, 기술자들이 줄줄이 할리우드에 건너와 자리 잡았지요. 그들이 해마다 수백 편의 영화를 만들었고, 세계 시장으로 진출했습니다. 그리고 오늘날에도 여전히 미국 영화 대부분이 할리우드에서 제작되고 있습니다.

한 걸음 더 (1) 할리우드의 볼거리

할리우드에는 유니버설, 디즈니, 파라마운트 같은 세계 최고 수준의 스튜디오들이 있습니다. 그곳에서는 영화 속 등장인물이 겪었던 상황을 직접 체험해보거나, 멋진 장면을 어떻게 찍었는지 궁금증을 해결할 수 있지요. 그 밖에 차이니스극장 거리에 찍혀 있는 스타 배우들의 손도장을 비롯해 실제 모습을 재현해놓은 밀랍 인형 박물관, 할리우드볼이라고 불리는 야외극장 등도 눈길을 사로잡습니다.

한 걸음 더 (2) 할리우드 말고 발리우드

인도 최대 상업 도시 뭄바이는 오랫동안 봄베이로 불렸습니다. 그때 할리우드에 빗대어 '발리우드(또는 볼리우드)'라는 신조어가 탄생했지요. 그 이유는 봄베이가 인도 영화 산업의 중심지이기도 했기 때문입니다. 인도는 1년에 할리우드보다 훨씬 많은 1천 편에 가까운 영화를 제작하는 나라입니다. 그것을 전국에 있는 1만 3천 개가 넘는 영화관을 통해 상영하지요. 인도의 영화 사랑은 놀라울 정도입니다.

나의 생각메모

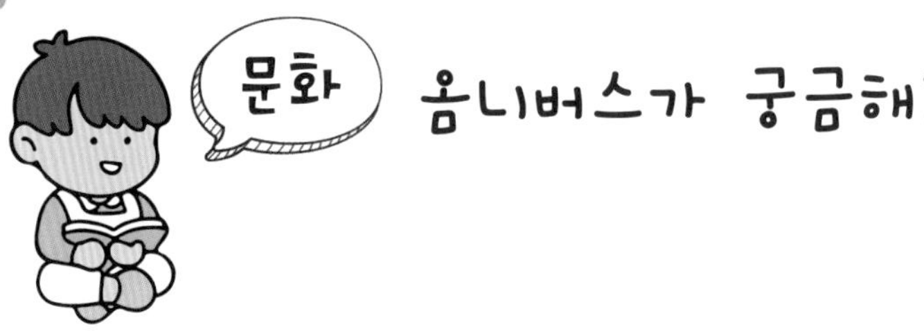

옴니버스가 궁금해?

서로 다른 이야기로 만드는 한 편의 작품

여러 예술 분야에서 몇 개의 짧은 이야기를 모아 하나의 작품으로 만드는 경우가 있습니다. 그와 같은 형식을 '옴니버스'라고 하지요. 옴니버스 영화, 옴니버스 연극, 옴니버스 음악, 옴니버스 소설 등이 모두 가능합니다.

옴니버스(omnibus)는 라틴어에서 유래한 말로 '모든 사람을 위한'이라는 뜻을 갖고 있습니다. 옴니버스는 작품 속 사건뿐만 아니라 인물과 배경도 전혀 다른 이야기를 한데 묶어놓은 구성을 보이지요. 그럼에도 공통된 주제나 소재를 다루기 때문에 전체적으로 보면 하나의 작품 같은 느낌을 받습니다. 언뜻 독립적으로 보이는 이야기들에 몰입하다 보면 묘하게 연결된 통일성을 엿보게 되지요.

옴니버스는 대중문화 작품에서도 빼놓을 수 없는 구성 방식입니다. 시트콤과 코미디를 비롯해 각종 예능 프로그램 제작에도 옴니버스 형식이 유행하지요. 이를테면 텔레비전 코미디 프로그램에서 서로 다른 여러 편의 짧은 이야기를 묶어 웃음을 전달하는 식입니다.

한 걸음 더 (1) 옴니버스가 승합마차라고?

1800년대 초, 프랑스에서 한 남자가 온천 사업을 하면서 많은 사람이 함께 탈 수 있는 승합마차를 운행했습니다. 그는 마차에 옴니버스라는 이름을 붙였지요. 그 후 '옴니'가 떨어져나가고 '버스'만 남아 오늘날 여러 사람이 이용하는 대중교통을 가리키는 용어가 되었습니다. 그리고 서로 다른 짧은 이야기를 모아 만든 예술 작품을 일컫는 개념어로 의미가 확장됐지요.

한 걸음 더 (2) 피카레스크와 뭐가 달라?

옴니버스와 비슷한 작품 구성 방식으로 '피카레스크'가 있습니다. 피카레스크 구성은 등장인물과 배경이 동일하면서도 작품 속 사건이 저마다 다르지요. 그러므로 일종의 '시리즈'라고 할 수 있습니다. 넓게 보면 그것도 옴니버스라고 하지만, 피카레스크는 중심인물이 고정되어 있다는 점이 특징입니다. 똑같은 주인공이 1회부터 수십 회까지 계속 이야기를 이끌어가는 만화 시리즈를 예로 들 만하지요.

나의 생각메모

잠깐! 스스로 생각해봐!

■ 여러분은 '햄릿형' 인간인가요, '돈키호테형' 인간인가요? 여러분이 아는 유명인과 주위 사람들을 햄릿형과 돈키호테형으로 구분해보아요.

잠깐! 스스로 생각해봐!

■ 그동안 우리나라의 많은 영화들이 세계적인 영화제에서 상을 받았습니다. 그 기록을 조사해 적어보아요.

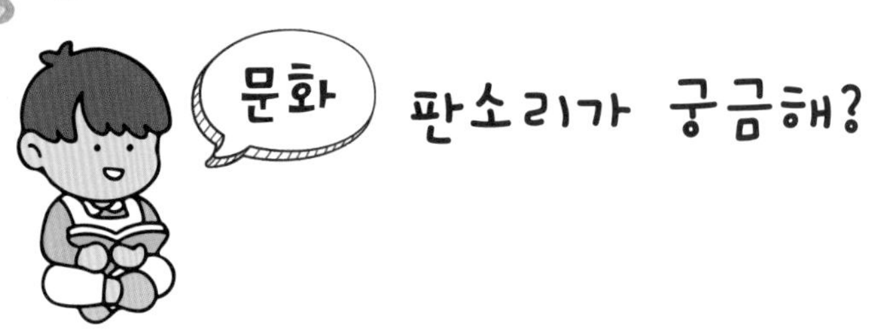

판소리가 궁금해?

이 땅에는 오페라 못지않은 판소리가 있지

국제연합 유네스코에서 인류무형문화유산으로 지정한 우리나라의 전통 문화가 있습니다. 전 세계에서 오직 한반도에만 존재하는 '판소리'가 바로 그것이지요.

판소리는 소리꾼이 북이나 장구를 치는 고수와 함께 이야기하듯 펼쳐가는 우리 고유의 음악 형식입니다. 어느 때는 노래 같고, 어느 때는 재미있는 한 편의 전래동화처럼 들리지요.

판소리의 유래에 대해서는 조선시대 숙종 임금 때 생겨났다는 학설이 가장 일반적입니다. 그 시절 여러 전쟁을 치르면서 백성들의 한과 바람이 판소리로 표현되었다는 것이지요. 물론 당시는 판소리라는 용어가 쓰이지 않았습니다. 판소리는 20세기에 접어들어 생겨난 명칭이지요.

판소리는 모두 열두 마당이 있었다고 합니다. 그런데 오늘날 우리에게 전해지는 것은 「춘향가」, 「심청가」, 「흥부가」, 「수궁가」, 「적벽가」 다섯 마당뿐이지요. 우리의 소중한 문화유산이 제대로 보전되지 않아 안타까운 일입니다.

한 걸음 더 (1) 서편제, 동편제 그리고 중고제

전라도를 중심으로 발달한 판소리는 지역에 따라 '서편제', '동편제', '중고제'로 구분합니다. 서편제는 광주, 담양, 나주, 보성 지역의 판소리를 일컫지요. 장단이 화려하고 소리에 기교를 많이 섞으며, 애잔한 느낌을 주는 특징이 있습니다. 동편제는 남원, 순창, 고창, 구례, 곡성 지역의 판소리를 가리킵니다. 빠르고 씩씩하며, 서편제에 비해 감정을 절제하는 특징이 있지요. 그리고 중고제는 충청도 지역 판소리인데, 서편제나 동편제만큼 개성 있게 발전하지는 못했습니다.

한 걸음 더 (2) 판소리 열두 마당의 제목이라도 알려줘

오늘날 우리가 즐기는 판소리는 「춘향가」, 「심청가」, 「흥부가」, 「수궁가(토별가)」, 「적벽가」다섯 마당뿐입니다. 원래는 거기에 「장끼타령」, 「변강쇠타령(가루지기타령)」, 「무숙이타령(왈자타령)」, 「배비장타령」, 「강릉매화타령」, 「숙영낭자전(가짜신선타령)」, 「옹고집타령」이라는 일곱 마당이 더 있었지요.

나의 생각메모

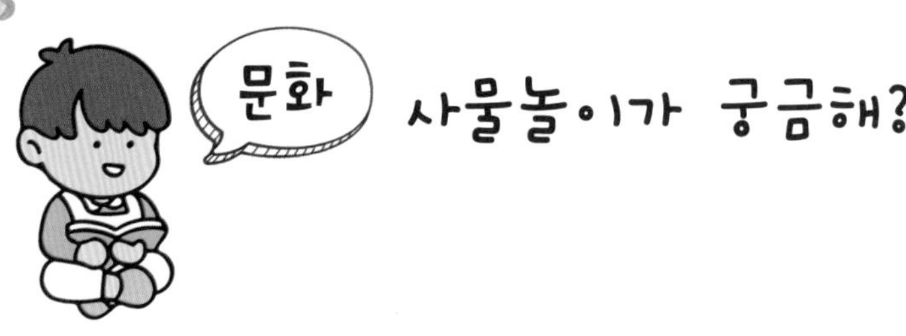

이렇게 화려하고 흥겨울 수가!

꽹과리, 장구, 북, 징.

이 악기들은 우리 선조들의 삶과 떼려야 뗄 수 없는 문화유산입니다. 판소리 같은 국악 공연이나 신명나는 마을 잔치에는 반드시 이 악기들이 등장해 흥을 돋웠지요.

1978년, 네 명의 젊은 음악인이 그와 같은 네 가지 국악기를 조화롭게 연주해 새로운 음악을 탄생시켰습니다. 김용배가 꽹과리, 김덕수가 장구, 이종대가 북, 최태현이 징을 맡아 한바탕 놀라운 음악 공연을 펼쳤지요. 관객들은 환호했고, 우리나라 국악은 새삼 세상의 이목을 끌었습니다.

그 날 이후, 네 명의 젊은 음악인은 팀 이름을 '사물놀이'라고 지었습니다. '사물'은 그들이 연주하는 네 가지 악기를, '놀이'는 농악대 등의 공연을 의미했지요. 그런데 얼마 지나지 않아 사물놀이라는 신조어는 특정 국악 연주 팀의 이름으로 그치지 않았습니다. 꽹과리, 장구, 북, 징, 네 가지 국악기로 연주하는 새로운 공연을 사람들이 모두 사물놀이라고 부르게 되었지요.

한 걸음 더 (1) 풍물놀이에서 나온 사물놀이

과거 농촌에서는 큰 행사를 열 때 '풍물놀이'를 벌이고는 했습니다. 그 역시 우리나라 고유의 음악 형태로 꽹과리, 장구, 북, 징을 비롯해 나발, 태평소, 소고 같은 악기들을 사용했지요. 거기에 노래와 춤, 때로는 곡예를 곁들이기도 했습니다. 풍물놀이가 대규모 야외 공연이었다면, 사물놀이는 네 가지 악기에 집중해 음악적 요소를 강조한 소규모 실내외 공연이라고 할 수 있지요.

한 걸음 더 (2) 사물놀이 악기들에 대해 알고 싶어

'꽹과리'는 놋쇠로 만들어 채를 두들겨 소리내는 타악기입니다. 지름 20센티미터 안팎의 둥근 모양이지요. '장구'는 허리가 잘록한 통 양쪽에 가죽을 붙여 만듭니다. 보통 오른쪽은 대나무 채로, 왼쪽은 손이나 또 다른 채로 쳐 연주하지요. '북'은 나무판으로 만든 통 양쪽에 가죽을 씌운 뒤, 채로 쳐서 소리를 내는 타악기입니다. 그리고 '징'은 꽹과리보다 큰 놋쇠 대야 모양의 타악기로, 손에 들거나 틀에 매달아놓고 끝부분에 헝겊을 감은 채로 쳐서 부드럽고 웅장한 소리를 냅니다.

나의 생각메모

아리랑이 궁금해?

우리나라 대표 민요 하면 바로 이것

누가 처음 불렀는지 알 수 없지만 오랜 세월 입에서 입으로 전해져온 노래를 '구전 민요'라고 합니다. 우리나라의 대표적인 구전 민요라고 하면 가장 먼저 '아리랑'을 떠올리게 되지요.

아리랑은 박자와 리듬을 의미하는 장단부터 우리 민족의 정서에 잘 어울립니다. 짧은 노랫말에 슬픔과 해학이 조화롭게 어우러져 있지요. 아리랑은 누구나 한두 번 들으면 따라 부를 수 있을 만큼 쉬운 노래입니다.

그런데 아리랑은 각 지방마다 조금씩 다르게 불리고 있습니다. 「해주아리랑」, 「청진아리랑」, 「울릉도아리랑」 등 그 수를 전부 헤아리면 수십 가지나 되지요. 지역 이름이 붙은 것 말고 「광복군아리랑」 같은 것도 있고요.

그중 잘 알려진 아리랑이라면 「정선아리랑」, 「경기아리랑」, 「밀양아리랑」, 「진도아리랑」 등을 손꼽을 수 있습니다. 우리 선조들은 일제강점기 같은 고난의 시기에 아리랑을 부르며 겨레의 슬픔과 울분을 달랬지요.

한 걸음 더 (1) 아리랑은 너무너무 많아

앞서 각 지방마다 다르게 불리는 아리랑이 수십 가지는 된다고 설명했습니다. 그런데 아리랑은 한 지역 안에서도 차이가 있어 넓게 구분하면 약 60여 종이지만 세밀하게 나누면 3천600여 종이나 된다고 알려져 있지요. 그 가운데 우리에게 가장 친숙한 멜로디는 「경기아리랑」이며, 제일 오래 전부터 구전되어 온 것은 「정선아리랑」이라고 합니다.

한 걸음 더 (2) 주요 아리랑에 대해 좀 더 알고 싶어

강원도의「정선아리랑」은 구슬프면서도 아름다운 장단으로 매우 애처로운 분위기를 자아냅니다. 경기도에서 구전된 「경기아리랑」은 일제강점기 나윤규가 감독한 영화 「아리랑」의 주제가로 불리면서 널리 알려졌지요. 경상도 아리랑인 「밀양아리랑」은 밀양 사또가 외동딸이 죽은 것을 슬퍼하며 노래를 부른 데서 비롯되었다고 합니다. 「진도아리랑」은 전라도 아리랑으로, '아리랑타령'이라고도 하지요.

나의 생각메모

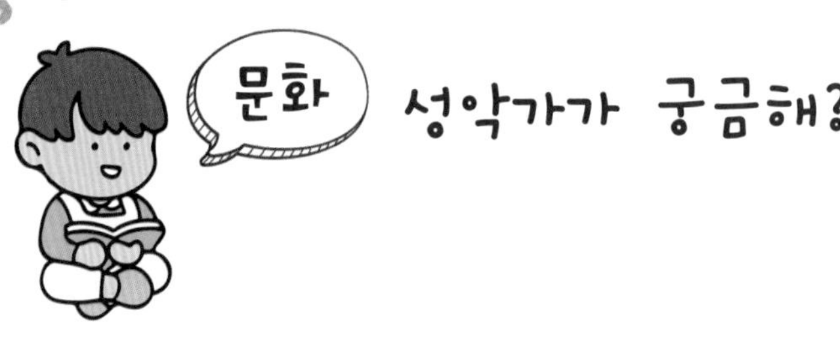

성악가가 궁금해?

가장 훌륭한 악기는 사람의 목소리

악기로 연주하는 음악을 '기악', 사람의 목소리로 표현하는 음악을 '성악'이라고 합니다. 민요와 가요 등도 포함할 수 있지만, 보통은 클래식 음악에서 이루어지는 성악가의 노래를 성악이라고 하지요. 무엇보다 훌륭한 악기라고 할 만한 남녀 성악가의 목소리는 몇 가지로 구분할 수 있습니다.

남성 성악가의 경우 음역에 따라 '테너', '바리톤', '베이스'로 구분합니다. 테너는 남성의 가장 높은 음역으로 화려한 느낌이 들지요. 바리톤은 테너와 베이스의 중간쯤 되는 음역입니다. 화려하면서도 차분해 남성의 목소리를 대표한다는 평가를 받습니다. 베이스는 가장 낮은 목소리로 음색이 매우 엄숙하지요.

여성 성악가는 '소프라노', '메조소프라노', '알토'로 구분합니다. 소프라노는 가장 높은 음역으로 화려하고 경쾌하며, 때로는 달콤한 분위기를 만들지요. 메조소프라노는 소프라노와 알토의 중간 음역입니다. '메조'가 이탈리아어로 '중간'이라는 뜻이지요. 알토는 여성의 가장 낮은 목소리로 차분한 느낌을 전달합니다.

한 걸음 더 (1) 성악의 다양한 연주 형태

성악의 연주 형태에는 혼자서 노래하는 '독창', 2개 이상의 성부를 각각 한 사람씩 맡아 노래하는 '중창', 2개 이상의 성부를 여러 사람이 노래하는 '합창'이 있습니다. 그 밖에 여러 사람이 하나의 성부를 같은 음정으로 노래하는 '제창', 하나의 성부를 일정한 간격을 두고 다른 성부가 똑같이 반복하는 '돌림노래'도 있지요. 참고로, 성부는 여러 음역이 어울리는 음악에서 각 부분을 뜻합니다.

한 걸음 더 (2) 사람의 목소리만으로 합창한다고?

몇 사람이 반주 없이 목소리만으로 합창하는 음악의 표현 방식이 있습니다. 인간이 가진 목소리의 매력을 한껏 발휘하며, 때로는 악기 소리나 각종 효과음을 그럴듯하게 흉내 내지요. 그 음악을 가리켜 '아카펠라'라고 합니다. 성악의 여러 연주 형태 중 하나라고 할 수 있지요. 아카펠라는 유럽의 중세 시대 교회 음악에서 유래했습니다. 당시 성가대가 무반주로 찬송가를 부르던 것이 시작이었습니다.

나의 생각메모

문화 뮤지컬이 궁금해?

노래와 춤을 곁들인 연극

노래와 연기, 그리고 춤이 어우러지는 종합 무대 예술은 관객들의 호응을 불러일으킵니다. 고전적인 장르로는 오페라가 그렇지요. 그 밖에 미국에서 발달한 현대 음악극인 '뮤지컬'도 큰 관심을 받습니다.

오페라와 뮤지컬에는 몇 가지 차이가 있습니다. 우선 오페라는 뭐니 뭐니 해도 음악이 중심인 무대 공연이지요. 거의 모든 대사가 노래로 이루어지고, 무용의 비중은 대부분 크지 않습니다. 그에 비해 뮤지컬은 많은 부분에서 연극처럼 음악 없이 대사를 주고받으며, 여러 장면에 노래와 춤이 조화를 이루지요. 또한 공연에 등장하는 음악도 뮤지컬의 경우 클래식을 비롯해 대중가요, 팝, 동요 등 그 폭이 훨씬 넓습니다. 뮤지컬의 노래와 춤은 유행에도 민감하게 반응하지요.

뮤지컬 출연자는 주로 가수보다 배우로 불립니다. '뮤지컬 배우'라고 소개하는 식이지요. 그 이유는 뮤지컬이 연극에 음악과 춤을 더한 무대 공연 양식이기 때문입니다. 참고로 오페라 출연자는 흔히 '오페라 가수'라고 불리지요.

한 걸음 더 (1) 뮤지컬 공연의 중심지, 브로드웨이

'브로드웨이'는 미국의 한 지역 이름입니다. 뉴욕 맨해튼을 남북으로 가로지르는 큰길을 가리키지요. 그곳은 미국 뮤지컬과 연극 공연의 중심지입니다. 특히 타임스 스퀘어 부근에 여러 공연장이 있어 1년 내내 수많은 작품이 무대에 오르지요. 그곳에서 공연하는 작품은 '브로드웨이 뮤지컬' 또는 '브로드웨이 연극'이라는 수식어가 붙을 만큼 작품성과 흥행성에 대한 기대가 높습니다.

한 걸음 더 (2) 관객이 환호하는 뮤지컬 명작들

세계적으로 흥행에 성공한 뮤지컬 작품은 「캣츠」, 「오페라의 유령」, 「레미제라블」, 「노트르담 드 파리」 등입니다. 「캣츠」는 영국 웨스트엔드에서 1981년 초연한 후 브로드웨이에서도 크게 사랑받고 있지요. 가스통 르루의 소설로 제작한 「오페라의 유령」은 1986년 처음 무대에 올랐습니다. 「레미제라블」은 1980년 영국에서 초연한 후 최장기 공연 중이며, 프랑스 뮤지컬 「노트르담 드 파리」는 빅토르 위고의 소설을 원작으로 1998년에 만들었지요.

나의 생각메모

문화상대주의가 궁금해?

문화는 우열이 아니라 차이가 있을 뿐

전 세계 여러 나라에는 다양한 문화가 존재합니다. 하나의 국가 안에서도 지역마다 서로 다른 문화를 엿볼 수 있지요. 그와 같은 차이를 인정하며, 그것을 어느 쪽은 우월하고 어느 쪽은 열등하다고 보는 대신 문화의 다양성으로 이해하는 태도가 '문화상대주의'입니다.

문화는 한 공동체에서 오랜 세월에 걸쳐 쌓아온 삶과 생활방식의 결과물입니다. 그러므로 모든 문화는 우열이 아니라 고유한 가치를 지니지요. 어떤 사회의 문화를 다른 사회의 기준으로 쉽게 평가하는 것은 섣부른 자세입니다. 각각의 사회는 서로 다른 경험과 학습으로 저마다 특색 있는 문화를 갖기 때문이지요.

다만 문화상대주의가 인류의 보편적인 정의를 침해해서는 안 됩니다. 이를테면 같은 사람끼리 신분에 따라 차별하거나 함부로 타인에게 고통을 주는 악습을 문화상대주의라며 받아들일 수는 없지요. 어디까지 문화상대주의로 볼지는 어려운 문제지만, 인간의 공통된 양심과 인류애는 반드시 지켜져야 합니다.

한 걸음 더 (1) 자문화중심주의는 뭘까?

'자문화중심주의'는 문화상대주의와 반대되는 개념입니다. 그래서 '문화절대주의'라고도 하지요. 자문화중심주의는 자기 문화의 우월성에 빠져 다른 사회의 문화를 하찮게 여기는 것입니다. 그와 같은 태도는 자칫 민족이나 인종 간 차별을 불러와 심각한 갈등을 일으키지요. 세계 관련 개념어에서 살펴본 종교의 근본주의도 넓게 보면 자문화중심주의와 닮은 점이 많습니다.

한 걸음 더 (2) 문화사대주의는 뭘까?

'문화사대주의'는 자문화중심주의와 달리 자기 문화를 업신여기는 태도입니다. 그 대신 다른 문화를 우월하게 여겨 동경하지요. 자기 문화는 전부 열등하고 다른 문화는 무조건 우월하다는 편견에 사로잡히기도 합니다. 그 예로 국악과 클래식 음악을 이야기할 만합니다. 적지 않은 사람들이 국악은 고리타분한 것, 클래식 음악은 고상한 것으로 생각하지요. 그런 자세도 일종의 문화사대주의입니다.

나의 생각메모

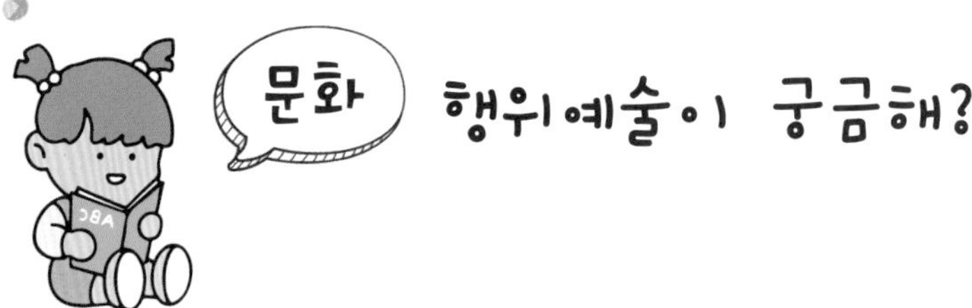

인간의 몸으로 다 표현할 수 있어

미술 장르에 회화나 조각만 있는 것은 아닙니다. 예술가가 자신의 몸을 이용해 특정한 주제를 표현하는 행위를 펼치기도 하지요. 그와 같은 예술 양식을 '행위예술'이라고 합니다. 행위의 사전적 의미는 사람이 어떤 의지를 갖고 하는 몸짓이나 행동을 일컫지요.

행위예술은 예술가의 원초적인 표현 욕망을 담아내는 데 안성맞춤입니다. 굳이 캔버스와 붓, 돌과 쇠붙이 같은 재료를 쓰지 않고 인간의 몸을 적극 활용하는 방식으로 창작하지요. 행위예술을 영어로는 '퍼포먼스'라고 하는데, 그것은 1950년대 말부터 '해프닝' 또는 '이벤트'이라는 이름으로 시작되었습니다.

오늘날 행위예술은 현대 미술에서 빼놓을 수 없는 주요 장르입니다. 행위예술가는 자기 몸에 물감을 칠하거나 무용의 요소를 더하는 방식 등으로 표현 영역을 넓혀 왔지요. 그런 자유로운 상상력을 바탕으로 백남준과 존 케이지 같은 훌륭한 예술가들이 탄생했습니다.

한 걸음 더 (1) 전위예술이라는 용어도 있어

행위예술은 '전위예술'로도 볼 수 있습니다. 전위예술이란, 기존 예술과 다르게 새로운 주제 의식과 표현 방식을 시도하는 것을 말하지요. 프랑스어로 '아방가르드'라고 하는데, 지금까지 이어져온 예술에 혁신을 추구하는 경향을 가리킵니다. 전위예술은 권위에 저항하고, 아무런 의심 없이 전통을 받아들이는 것에 반대합니다. 그 대신 기계 문명과 사회 현실에 비판적이며, 무의식에 관심을 기울이지요.

한 걸음 더 (2) 백남준은 어떤 예술가야?

백남준은 대한민국 출신의 세계적인 비디오 아티스트입니다. 그는 '비디오 아트'의 선구자로서, 여러 대의 텔레비전 화면을 이용해 독창적인 예술 작품을 탄생시켰지요. 그는 무대에서 피아노를 부수거나 다른 사람의 넥타이를 자르는 등 다채로운 행위예술을 펼치기도 했습니다. 또한 음악 전공자이기도 한데, 일찍이 기존의 클래식 음악보다는 음악 자체의 틀을 깨는 전위예술에 매진했습니다.

나의 생각메모

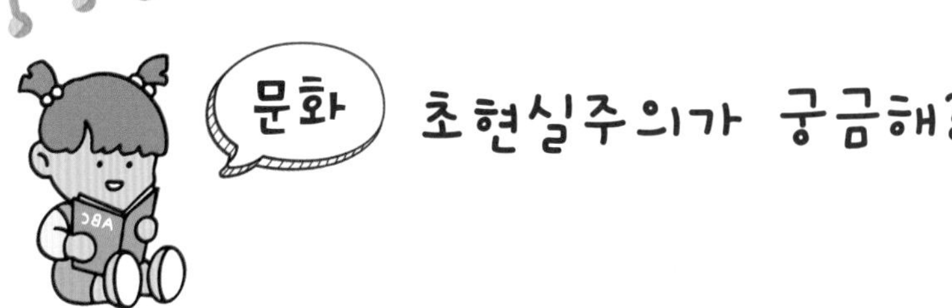

초현실주의가 궁금해?

현실을 뛰어넘는 또 다른 세계

1920년대, 프랑스에서 새로운 예술 운동이 일어났습니다. 제1차 세계 대전이 끝난 뒤 사람들의 사고방식에 큰 변화가 있었지요. 그때 예술계에서는 인간을 이성의 굴레에서 해방시키자는 움직임이 나타났습니다. 그들은 비합리적인 것 속에 합리성을 뛰어넘는 가치가 있다고 판단했지요.

초현실주의는 이성의 세계보다 상상과 환상의 세계를 중요하게 생각했습니다. 더불어 인간의 무의식에 주목했지요. 앞서 전위예술이 무의식에 관심을 기울였다고 설명했는데, 그 바탕에 초현실주의가 자리하고 있는 것입니다. 초현실주의를 추구한 예술가들은 조화로운 이성과 감성만으로 표현하기 어려운 현실을 뛰어넘는 또 다른 세계가 존재한다고 믿었습니다.

처음 초현실주의 사상이 뿌리내리는 데 중요한 역할을 한 사람은 프랑스 시인 앙드레 브르통입니다. 그는 꿈과 무의식을 작품의 주요 소재로 삼았지요. 이성이 아닌 꿈과 무의식 속에서 인간의 정신이 비로소 자유로워진다고 보았기 때문입니다.

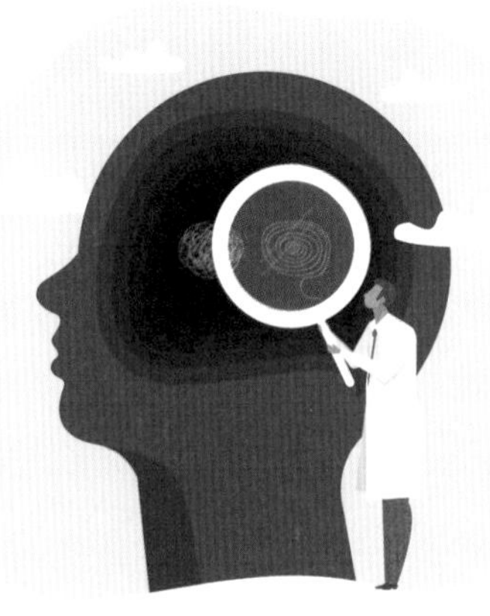

한 걸음 더 (1) 정신분석학이 일깨워준 무의식

오스트리아 출신 의사 지그문트 프로이트는 '정신분석학'이라는 학문을 제시하고 발전시켰습니다. 그래서 그는 정신분석학의 창시자로 불리지요. 프로이트는 인간의 이성이 닿을 수 없는 영역, 즉 무의식의 존재를 최초로 밝혀낸 사람입니다. 그는 무의식이 합리적이지 않은 인간의 행동과 정신을 지배한다고 보았지요. 프로이트가 탐구한 무의식은 이후 심리학과 철학, 예술 각 분야에 큰 영향을 끼쳤습니다.

한 걸음 더 (2) 다다이즘에서 출발한 초현실주의

제1차 세계 대전이 막바지에 다다랐을 때, 유럽과 미국에 '다다이즘'이라는 예술 운동이 퍼져갔습니다. 다다이즘은 간단히 '다다'라고도 하는데, 반이성, 반도덕, 반예술을 강조했지요. 그러니까 이성이 지배하는 인간의 삶과 도덕을 강요하는 사회 질서에 반기를 들었을 뿐만 아니라, 예술 행위에도 기존의 고정관념을 철저히 부정한 것입니다. 그것은 곧 1920년대 초현실주의로 연결됐습니다.

나의 생각메모

성화와 탱화가 궁금해?

종교의 성스러움을 담은 그림

기독교에 관해 그린 종교화를 '성화'라고 합니다. 주로 예수 그리스도와 열두 제자, 성모 마리아를 비롯해 여러 성인들을 그림에 담지요. 같은 소재의 조각은 '성상'이라고 합니다. 한자어로 성화의 '화'는 그림, 성상의 '상'은 형상을 뜻하지요.

성화는 그리스어로 '이콘'이라고 합니다. 영어 단어 '아이콘(icon)'이 거기서 유래했습니다. 오늘날 성화를 가장 긍정적으로 받아들이는 기독교 종파는 가톨릭과 동방정교회, 성공회 등입니다. 아울러 그 밖의 여러 기독교 종파에서도 신자들의 신앙심을 높이는 데 성화를 적극 활용하고 있습니다.

불교에도 기독교처럼 종교화가 있는데, 그것을 '불화'라고 합니다. 또 다른 용어로는 '탱화'라고 하지요. 대개 탱화는 부처, 보살, 성현들을 비롯해 극락이나 지옥의 모습 등을 그려 벽에 거는 형태로 제작합니다. 우리나라 사찰에는 어디든지 불상이 있고, 그 뒤편에 대부분 탱화를 걸어두지요. 그런 특징은 같은 동아시아인 일본이나 중국의 사찰과 구별되는 점이라고 합니다.

한 걸음 더 (1) 가톨릭·동방정교회·성공회

'천주교'라고도 하는 가톨릭은 가장 오랜 역사를 가진 기독교 종파입니다. 로마 교황청을 중심으로, 전 세계에 약 13억 명의 신자가 있지요. 동방정교회는 그리스와 러시아, 동유럽 국가들에 널리 전파된 기독교 종파입니다. 약 3억 명 안팎의 신자가 있으며, 흔히 '정교회'라고 불리지요. 성공회는 가톨릭에서 갈라져 나왔으며, 영국 교회의 전통과 조직을 따릅니다. 가톨릭과 개신교의 특징이 어우러져 있지요. 전 세계에 약 1억 명 안팎의 신자가 있다고 합니다.

한 걸음 더 (2) 보살의 다양한 의미

불교에서는 '보살'이라는 말을 자주 사용합니다. 그 용어는 다양한 뜻으로 쓰이는데, 우선 전생에서 수행하던 구도자 석가모니를 일컫지요. 또한 위로는 최고의 지혜를 얻기 위해 도를 닦고 아래로는 중생을 구제하는 이상적인 수행자의 모습을 가리키기도 합니다. 아울러 승려나 여자 신도를 높여 부를 때도 쓰이지요.

나의 생각메모

애니메이션이 궁금해?

살아 움직이는 것 같은 만화

만화나 인형을 이용해 마치 살아 움직이는 것처럼 촬영한 영화를 '애니메이션'이라고 합니다. 보통 1초에 8~24장의 정지된 그림을 움직여 연속된 움직임처럼 보이게 하지요. 예를 들어 육상 선수가 달리기 하는 모습을 표현하려면, 다리가 움직이는 모습을 조금씩 다르게 그려 순서대로 빠르게 보여주면 됩니다.

애니메이션의 역사는 영화보다 오래됐습니다. 뤼미에르 형제가 처음 영화를 상영하기 7년 전, 프랑스에서 찰스 레이노라는 사람이 '움직이는 만화'를 상영했지요. 그리고 1908년 에밀 콜이 세계 최초의 애니메이션 영화를 만들었습니다.

애니메이션은 1930년대 들어 크게 발전했습니다. 월트 디즈니가 미키마우스를 주인공으로 하는 컬러 애니메이션을 만든 것이 그 무렵이지요. 그 후 월트 디즈니의 이름을 내건 영화사는 1990년대부터 영화관 상영을 목적으로 한 작품을 잇달아 제작했습니다.「인어공주」,「미녀와 야수」,「라이온 킹」,「뮬란」,「겨울왕국」등이 모두 월트 디즈니 영화사의 작품입니다.

한 걸음 더 (1) 애니메이션의 놀라운 영향력

과거에는 애니메이션을 단지 '아이들이 즐기는 놀이'로 가볍게 여겼습니다. 하지만 이제는 산업과 문화에 끼치는 영향력이 상당하지요. 크게 성공한 애니메이션 캐릭터들은 여러 상품의 디자인과 홍보에 이용되거나 장난감으로 만들어져 엄청난 수익을 올립니다. 그 밖에 게임으로도 제작돼 더 넓은 시장을 개척하지요.

한 걸음 더 (2) 대한민국 애니메이션의 역사

우리나라 최초의 극장용 장편 애니메이션은 1967년 개봉한 「홍길동」입니다. 그 뒤 1976년 김청기 감독이 「로보트 태권V」를 만들어 큰 인기를 끌었지요. 그때는 많은 초등학생들이 "달려라 달려 로보트야, 날아라 날아 태권V~ 정의로 뭉친 주먹 로보트 태권~"으로 시작되는 주제가를 입에 달고 다닐 정도였습니다. 그 후에도 「아기공룡 둘리」, 「달려라 하니」, 「뽀롱뽀롱 뽀로로」, 「라바」 등이 계속 나와 대한민국의 애니메이션 제작 실력을 한껏 뽐냈지요.

나의 생각메모

몽타주와 콜라주가 궁금해?

영화와 사진, 그림을 표현하는 새로운 기법

예술에 관련된 개념어에는 프랑스어가 많습니다. 그 이유는 프랑스에서 활동한 예술가들이 미술, 영화, 문학 등 여러 분야에서 일찍이 창의적인 변화를 시도했기 때문입니다. '몽타주'와 '콜라주' 역시 프랑스어입니다.

몽타주는 기존의 이미지들 가운데 일부를 잘라내 한 화면 위에 붙여 합성하는 기법입니다. 영화와 사진, 회화에서 성질이 다른 부분들을 적절히 떼어 붙여 하나의 새로운 장면으로 재구성하는 것이지요. 몽타주 기법은 레프 쿨레쇼프, 세르게이 에이젠슈타인 등 러시아 영화감독들이 처음 시작했습니다.

콜라주는 주로 미술에서 사용하는 기법인데, 각각의 조각들을 붙여 모아 새로운 이미지를 창조하는 것입니다. 인쇄물, 사진, 옷감, 종이 등 소재에 제한이 없지요. 1900년대 초 파블로 피카소 등이 가장 먼저 콜라주 기법을 선보였습니다.

몽타주와 콜라주는 종종 비슷한 의미로 받아들여집니다. 원래 몽타주에는 '벽돌 등을 쌓아올리다.', 콜라주에는 '풀로 붙이다.'라는 뜻이 있다고 하지요.

한 걸음 더 (1) 범인 잡는 몽타주

영화나 드라마를 보다가 몽타주라는 대사를 접할 때가 있습니다. 현장을 목격한 사람들의 기억을 바탕으로 범인의 얼굴을 그려내는 것이지요. 기존의 서로 다른 부분들을 합성해 특정한 이미지를 재구성하듯, 범죄 수사에 이용되는 범인의 몽타주 역시 여러 사람의 얼굴 모습에서 각 부분을 따로 떼어 합치는 방식입니다.

한 걸음 더 (2) 입체주의 화가들의 콜라주

1907년, 조르주 브라크와 파블로 피카소가 프랑스 파리에서 활동하며 새로운 미술 운동을 펼쳤습니다. 그림의 대상을 원, 원통, 원뿔 같은 기하학적 형태로 묘사하기 시작했지요. 캔버스는 평면이지만, 그들은 그림을 입체적으로 구성했습니다. 그래서 사람들은 그들을 가리켜 '입체주의 화가'라고 했지요. 그로부터 몇 년 후, 두 사람은 콜라주 기법을 최초로 시도해 입체주의를 더욱 발전시켰습니다.

나의 생각메모

오브제가 궁금해?

평범한 물건으로 전하는 낯선 메시지

제1차 세계대전이 끝나갈 무렵, 유럽에서는 새로운 예술 운동인 다다이즘이 주목을 끌었습니다. 앞서 '초현실주의'에 대해 설명할 때 덧붙였듯, 다다이즘은 이성이 지배하는 기존 질서와 고정관념을 부정했지요.

당시 다다이즘 예술가 중에 프랑스 화가 마르셀 뒤샹이 있었습니다. 그는 1917년 미국 뉴욕에서 미술계를 깜짝 놀라게 하는 작품을 발표했지요. 제목이 「샘」이었는데, 그냥 남성용 소변기를 떼어내 바닥에 눕혀놓았을 뿐이었습니다. 뒤샹의 기발한 아이디어 덕분에 오줌을 받던 소변기에서 금방이라도 샘물이 솟아날 듯했지요. 관람객들은 처음 경험하는 낯선 예술 세계에 충격을 받았습니다.

그와 같이 생활용품이나 평범한 자연물 등을 본래의 장소와 쓰임새에서 분리해 작품화함으로써 전혀 다른 의미를 갖게 하는 것을 '오브제'라고 합니다. 이를테면 일회용 플라스틱 용품을 오브제로 무분별하게 소비하는 자본주의를 비판하거나, 피 묻은 새의 깃털들을 오브제로 공포 분위기를 느끼게 할 수 있지요.

한 걸음 더 (1) 폐기물을 오브제로 하는 정크 아트

요즘은 일상생활에서 발생하는 폐품을 오브제로 하는 예술 작품이 늘고 있습니다. 그것을 '정크 아트'라고 하지요. 영어 단어 '정크(junk)'는 '쓰레기, 잡동사니'라는 뜻입니다. 정크 아트는 1950년대에 시작됐는데, 산업폐기물과 가정에서 내다버린 공산품 등을 오브제 삼아 문명사회에 강렬한 메시지를 전달하지요. 정크 아트 예술가들은 폐차장의 차를 압축해 쌓아올리거나 버려진 고무와 플라스틱을 모아 거대한 건축물을 만드는 식으로 작품 활동을 해왔습니다.

한 걸음 더 (2) 마르셀 뒤샹의 모티브는 뭘까?

예술가의 작품 활동에는 '모티브'가 있게 마련입니다. 마르셀 뒤샹은 사람들의 고정관념을 비판하려는 모티브로 남성용 소변기에 '샘'이라는 뜻밖의 제목을 붙였지요. 모티브는 '동기'라고 해석하는데, 예술가가 어떤 생각으로 그 작품을 창작했는지 설명합니다. 즉 모티브를 통해 창작자의 사상과 주제의식을 알 수 있지요.

나의 생각메모

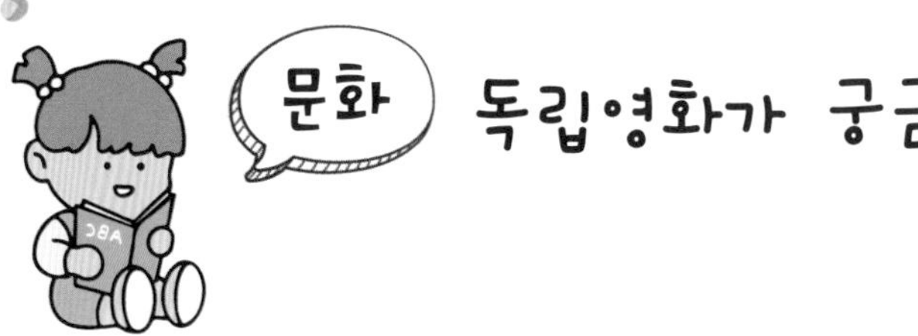

독립영화가 궁금해?

영화는 엄연히 예술이야

많은 사람들이 영화를 '산업'이라고 말합니다. 1993년 미국의 스티븐 스필버그 감독은 6,300만 달러를 들여 만든 영화 「쥬라기 공원」으로 10배가 넘는 10억3,000만 달러의 수익을 올렸습니다. 그것은 당시 우리나라가 자동차 150만 대를 수출해 벌어들이는 돈과 비슷했지요. 그 후 할리우드에서는 2~3억 달러의 제작비로 20억 달러 안팎의 수익을 올리는 영화들까지 생겨났습니다.

영화를 산업으로 보는 시각은 우리나라도 다르지 않습니다. 한국 영화 역시 제작비 100억~200억 원이 들어간 영화가 드물지 않게 됐지요. 그중 흥행에 성공한 작품은 300억 원이 넘는 수익을 올리기도 합니다.

하지만 영화를 여전히 '예술'로 바라보는 시각도 있습니다. 그런 영화는 이윤 추구보다 창작자의 의도가 중요시되는 '독립영화'에 많지요. 독립영화는 제작사나 투자자의 지원을 받지 않아 감독과 작가, 배우들의 생각이 자유롭게 반영되는 영화입니다. 그러다 보니 주로 제작비가 덜 드는 단편 영화로 만들어지지요.

한 걸음 더 (1) 메소드 연기가 뭐야?

배우가 자신이 맡은 배역에 몰두해 그 인물 자체가 되어 연기하는 것을 '메소드 연기'라고 합니다. 그 경우 배우의 육체와 정신이 등장인물의 캐릭터와 완전히 일치하는 극사실주의 연기가 펼쳐지지요. 여기서 극사실주의란, 모든 연기 상황을 허구가 아니라 실제인 것처럼 지극히 생생하게 묘사하는 것을 말합니다. 그래서 메소드 연기를 관람하다 보면 극중 등장인물이 마치 실존 인물인 듯한 착각에 빠져들지요.

한 걸음 더 (2) 오마주 장면이 있다고?

프랑스어 '오마주'는 '존경'이라는 뜻을 담고 있습니다. 주로 영화에서, 다른 감독이나 배우에 대한 존경의 표시로 그들이 출연한 작품의 대사나 특정 장면을 의도적으로 인용하는 것을 일컫지요. 다시 말해, 새로운 영화를 연출하는 감독이 평소 자신이 좋아하는 다른 감독이나 배우를 연상케 하는 장면을 작품 속에 묘사해 존경심을 나타내는 것입니다. 그것은 표절과는 전혀 다른 연출 방식으로 인정받습니다.

나의 생각메모

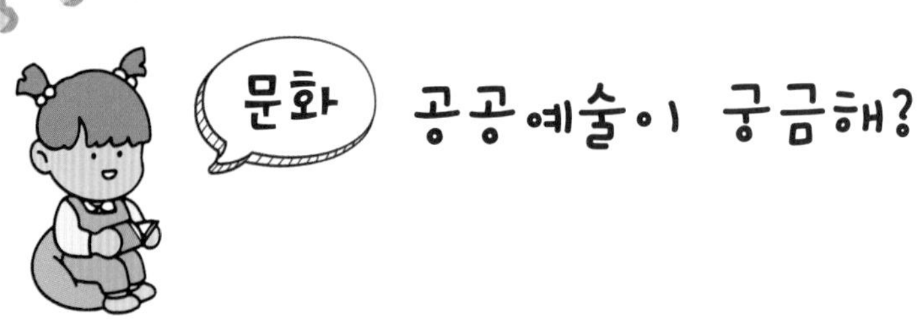

공공예술이 궁금해?

더 많은 사람에게 좀 더 쉽게 다가가는 예술

예술 작품은 창작 행위를 하는 예술가들의 열정으로 탄생합니다. 그들의 재능과 노력은 사람들에게 위안을 주며 행복감을 느끼게 하지요. 그러므로 예술가들이 훌륭한 작품을 계속 창작하도록 지원하고, 더 많은 사람들이 그것을 향유하게 하는 정책이 반드시 필요합니다.

예술의 대중화를 위해 새롭게 등장한 개념이 바로 '공공예술'입니다. 그것은 광장, 거리, 공원 등 여러 사람에게 공개된 장소에서 행해지는 예술 활동을 의미합니다. 관람료 없이 시민들의 생활공간에서 이루어지는 거리 연주회나 도시 공원에 설치한 조각 작품 등을 예로 들 수 있지요. 국가와 지방자치단체의 정책에 따라, 그동안 콘서트홀이나 미술관에 비싼 표를 끊고 들어가야만 가능했던 예술 체험을 더욱 많은 사람들이 일상 속에서 자유롭게 누리게 된 것입니다.

오늘날의 예술은 과거처럼 예술가들과 소수 상류층의 전유물이 아닙니다. 예술이 대중과 가까워져 보다 폭넓게 소통하는 데 공공예술이 중요한 역할을 합니다.

한 걸음 더 (1) 공공예술은 언제 시작됐을까?

공공예술을 처음 시도한 나라는 미국으로 알려져 있습니다. 1930년대, 미국 정부는 마땅한 직업이 없는 화가들에게 일자리를 주기 위해 공공건물에 벽화 그리는 정책을 추진했지요. 그 덕분에 화가들은 생활비를 벌었고, 시민들은 다양한 미술 작품을 손쉽게 접할 수 있었습니다. 그 후 1951년 프랑스에서 공공건물 건축비의 1퍼센트를 미술품에 사용하도록 법을 만들어 공공예술이 빠르게 뿌리 내렸지요.

한 걸음 더 (2) 우리나라에 공공예술단체가 있다고?

우리나라에는 정부 지원으로 운영되는 국립발레단, 국립합창단, 국립국악원 같은 예술 단체가 있습니다. 지방자치단체에 소속된 서울시국악관현악단, 서울시무용단 등도 있지요. 그와 같은 예술인 조직을 '공공예술단체'라고 합니다. 공공예술단체는 예술 각 분야의 발전을 위해 정부와 지방자치단체가 국민의 세금으로 지원하지요. 그들은 예술을 전승하며, 소외 계층을 위한 공연과 교육 활동 등을 펼칩니다.

나의 생각메모

문화 르네상스가 궁금해?

인간 중심의 문화를 꽃피운 위대한 시대

유럽은 한때 인간보다 종교의 가치를 우선시했습니다. 신분 제도까지 있어 인간다운 삶을 살지 못하는 사람들이 많았지요. 그러다가 교회의 권력이 약화되고, 귀족과 농노가 주인과 종의 관계로 지내던 봉건 사회 질서가 깨지면서 인간을 중심으로 한 문화의 시대가 열렸습니다.

바로 그 시기, 14~16세기 이탈리아를 중심으로 유럽에서 일어난 문화 운동을 '르네상스'라고 합니다. 그 말은 '학문과 예술의 부활'을 뜻하지요. 르네상스 이전까지 유럽 사회는 인간에 대한 관심이 부족했습니다. 하지만 도시와 상업이 발달하고 인간의 가치를 자각하면서 새로운 정신 운동이 일어났지요. 인간의 개성과 다양한 욕구를 인정하면서 문학, 미술, 건축 등에 큰 변화가 생겨났습니다.

르네상스는 오늘날 유럽 문화의 뿌리가 되었다는 평가를 받습니다. 르네상스 시대를 거치면서 아름다움을 추구하는 예술 작품이 쏟아져 나왔고, 인간에 대한 깊이 있는 탐구가 이어졌기 때문이지요.

한 걸음 더 (1) 르네상스의 또 다른 의미

'한국 영화가 아시아 시장에서 잇달아 흥행에 성공하고 있다. 또한 지난해에는 유럽과 미국의 세계적인 영화제에서 작품상을 수상하기도 했다. 바야흐로 한국 영화에 르네상스 시대가 열린 것이다.' 신문에 실렸던 기사 내용 중 일부입니다. 여기서 르네상스는 '전성기'를 뜻하는 대명사로 쓰이고 있지요. 일부 개념어가 그렇듯 르네상스의 의미가 확장된 것입니다.

한 걸음 더 (2) 르네상스 정신은 휴머니즘

르네상스의 근본정신은 '휴머니즘'입니다. 인간의 존엄성을 최고의 가치로 여기는사상이지요. 신분, 종교, 국가 등의 차이를 초월해 인간의 진정한 자유와 평화를 추구하는 것입니다. 따라서 르네상스는 인간의 창조성을 존중하며, 창조의 대상 또한 인간이어야 함을 강조하지요. 그와 같은 휴머니즘은 오늘날 모든 사람의 인권에 관심을 기울이는 인간 중심 사상으로 발전했습니다.

나의 생각메모

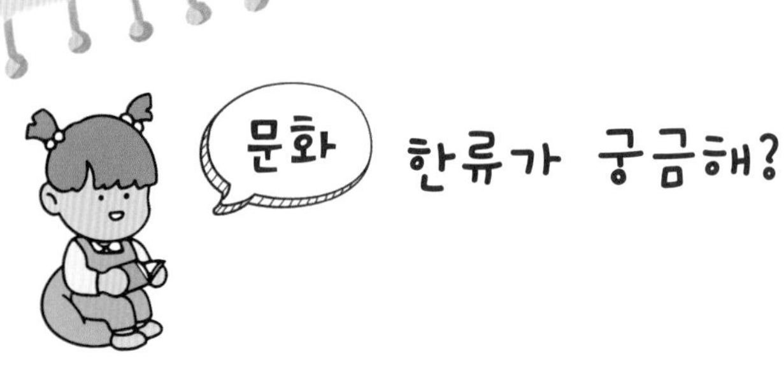

한류가 궁금해?

대한민국은 문화 강국이야

오늘날은 문화의 시대입니다. 문화의 가치를 아는 사람이 좀 더 행복한 삶을 살 수 있고, 문화의 가치를 아는 국가가 진정한 선진국이지요. 그런 면에서 우리나라는 세계의 주목을 받습니다. 음악, 미술, 무용 같은 전통적인 예술뿐만 아니라 여러 대중 예술 분야에서도 놀라운 성과를 거두고 있기 때문이지요.

특히 대한민국 대중문화는 1990년대 말부터 해외에서 인기를 끌기 시작했습니다. 처음에는 중국, 일본, 베트남 등 아시아에서 우리나라 가요와 영화, 드라마가 환영받았지만 그 현상이 곧 세계 여러 나라로 빠르게 퍼져갔지요.

세계인들은 대한민국 대중문화의 열풍을 '한류'라고 불렀습니다. 한류는 금세 한국 문화의 유행을 상징하는 말로 자리 잡았지요. 그리고 서서히 문화의 차원을 넘어 한국에 대한 관심, 한국 상품에 대한 호감으로 발전했습니다. 오늘날에는 한류가 더욱 성장해 케이팝(K-pop)이나 케이드라마(K-drama)처럼 다양한 문화 장르에 코리아를 상징하는 '케이(K)'를 붙이는 또 다른 유행을 낳았지요.

한 걸음 더 (1) 한류라는 말은 누가 만들었지?

'한류'는 한국을 뜻하는 한자어 한(韓)에 흐를 류(流) 자가 더해진 용어입니다. 지난 1997년 대만의 한 언론 매체에서 최초로 사용했다고 하지요. 처음에 한류는 우리나라 대중문화가 외국에서 유행하는 현상을 가리켰지만, 음식과 화장품 산업 같은 분야로 의미가 넓어졌습니다. 나아가 요즘은 우리나라의 게임과 웹툰 등이 인기를 끌면서 한류가 더욱 성장하고 있지요.

한 걸음 더 (2) 한류가 불러온 한국어의 인기

한류는 대한민국이 문화 강국으로 발전하는 중요한 계기가 됐습니다. 여러 변화 가운데 한국어에 대한 관심이 높아진 점도 빼놓을 수 없지요. 최근 유럽을 비롯해 중남미 대륙의 브라질과 멕시코, 아프리카의 이집트 등에 한국학과가 생긴 것이 그런 사실을 증명합니다. 또한 전 세계에 한국어와 한국 문화 보급을 위해 설립한 세종학당의 수도 60여 개 나라에 180개가 넘는 수준으로 늘어났습니다.

나의 생각메모

잠깐! 스스로 생각해봐!

■ 사물놀이에 쓰이는 꽹과리, 장구, 북, 징 말고도 다양한 국악기가 있습니다. 우리나라의 전통 국악기에 대해 알아보아요.

잠깐! 스스로 생각해봐!

■ 흔히 르네상스 미술의 전성기를 이끈 3대 거장으로 레오나르도 다 빈치, 미켈란젤로, 라파엘로를 손꼽습니다. 그들의 대표 작품에 대해 알아보아요.

2

우등생이 공부하는
32가지 생각 씨앗

[철학]

철학이 궁금해?

인간과 세계에 관한 탐구

'철학'을 영어로 '필로소피(philosophy)'라고 합니다. 그 말은 그리스어 필로소피아(philosophia)에서 유래했지요. 필로는 '사랑하다', 소피아는 '지혜'를 의미합니다. 그러므로 철학은 '지혜를 사랑하는' 학문이라고 해석할 수 있습니다.

철학은 탐구의 폭이 매우 넓고 깊이 있는 학문입니다. '인간이란 무엇인가?', '삶과 죽음이란 무엇인가?' 같은 근원적인 질문부터 자연과 사회에 관한 다양한 연구가 철학에서 비롯되었지요. 물리학, 생물학, 천문학, 심리학, 정치학, 사회학, 경제학 등 여러 학문 분야가 철학에서 갈라져 나온 것입니다.

인류는 오랜 세월 동안 굉장한 문명의 발달을 이루어왔습니다. 하지만 아직도 이해하지 못하거나 해결하지 못한 문제가 수두룩하지요. 그런 까닭에 철학은 여전히 인류에게 가장 중요한 학문입니다. 왜냐하면 '왜?'라는 질문에서 철학이 출발하기 때문입니다. 세상에서 일어나는 다채로운 현상들을 이해하고 해결하려면 우선 궁금증과 호기심을 가져야 하지요. 그것이 다름 아닌 철학입니다.

한 걸음 더 (1) 철학자가 곧 수학이자 과학자

물리학, 화학, 생물학 같은 자연과학과 수학은 철학과 한 뿌리에서 출발한 학문입니다. 유명한 철학자들 중에는 자연과학과 수학에 뛰어난 재능을 발휘한 인물이 많지요. 이를테면 철학자 플라톤과 아리스토텔레스는 수학자이기도 했으며, 르네 데카르트는 수학과 물리학에 두루 능통했습니다. 또한 미적분학을 창시한 수학자이자 과학자인 아이작 뉴턴은 철학에도 관심이 아주 많았지요.

한 걸음 더 (2) 여기저기 다양하게 쓰이는 철학

요즘은 철학이라는 말이 학문을 넘어 일상생활에도 폭넓게 사용됩니다. 예를 들어 "그 선생님은 교육 철학이 굳건해."라고 할 때, 여기서 철학은 '신념'이나 '원칙'을 가리키지요. 그리고 "사람은 무엇보다 성실해야 해. 그게 내 철학이야."라고 할 때는 철학이 '좌우명', '가치관'이라는 뜻을 갖습니다.

나의 생각메모

실존이 궁금해?

오직 나의 존재 그 자체

우리 눈앞에 큼지막한 가방이 하나 놓여 있다고 가정해 봐요. 그 가방은 이런저런 물건들을 담기 위해 만들어졌지요. 그때 물건을 담기 위한 목적을 가방의 '본질', 그 가방 자체를 '실존'이라고 할 수 있습니다.

철학자들은 오랫동안 어떤 존재가 본질에 의해 규정된다고 보았습니다. 가방은 물건을 담는 목적이 존재의 이유고 가치라는 것이지요. 하지만 19세기 이후 가방의 본질이 아니라 실존에 주목하는 철학자들이 나타났습니다. 그들은 특히 인간의 경우 실존이 본질에 앞선다고 주장했지요.

설명이 좀 어려운가요?

다시 말해, 인간은 그 자체만으로 존재의 이유와 가치가 충분하다고 이야기하는 철학자들이 등장한 것입니다. 그들이 보기에 인간의 실존은 스스로 생각하고, 스스로 행동하며, 스스로 책임질 줄 아는 주체적 존재니까요. 실존을 강조한 대표적인 철학자는 칼 야스퍼스, 마르틴 하이데거, 장 폴 사르트르 등입니다.

한 걸음 더 (1) 철학 용어가 아닌 실존

실존이라는 단어가 항상 철학 용어로만 쓰이는 것은 아닙니다. 일상생활에서는 거의 '실제로 존재함'이라는 단순한 뜻으로 사용되지요. 이를테면 '실존 인물'에서 실존은 실제로 존재하는 인물을 의미할 뿐입니다. 그처럼 똑같은 단어라고 하더라도 어느 상황에, 어떻게 쓰이는지에 따라 내용의 깊이가 달라지는 사례가 많습니다.

한 걸음 더 (2) 실존이 중요하니까 실존주의

19세기부터 인간의 본질보다 실존을 중요시한 철학이 나타나더니, 20세기 들어서는 철학과 함께 문학에도 주요 사조가 되었습니다. 그것이 바로 '실존주의'입니다. 여기서 사조란, 어느 시대에 유행한 사상의 흐름을 말하지요. 쇠렌 키에르케고르와 프리드리히 니체가 싹틔운 실존주의는 1940~1950년대 프랑스와 독일을 중심으로 발전했습니다. 단지 철학자뿐만 아니라 유명 작가 알베르 카뮈와 시몬 드 보부아르 등도 실존주의의 영향을 크게 받았지요.

나의 생각메모

자유의지가 궁금해?

자기 스스로 생각하고 행동하는 능력

어떤 선택을 할 때 외부의 영향을 받지 않고 스스로 결정하는 것. 자신의 판단과 의지대로 분명히 행동하는 것. 자발적으로 목적을 세워 추진하면서 자신을 스스로 조절하고 통제하는 것. 자신의 선택과 행동에 도덕적으로 책임지는 것.

그와 같은 인간의 능력을 일컬어 '자유의지'라고 합니다.

자유의지를 간단히 정리하면 '자신이 아닌 다른 요소에 영향 받지 않고 스스로 생각과 행동을 결정하며 기꺼이 책임지는 자세'라고 할 수 있습니다. 그런 태도를 가지려면 우선 삶과 세계가 자신의 노력에 따라 변화한다고 믿어야 하지요. 삶과 세계의 운명이 이미 결정되어 있다고 본다면 자유의지를 갖는 의미가 전혀 없을 테니까요. 그러므로 자유의지는 인간이 본능에 휘둘리면서 기계적으로 살아가는 존재가 아니라는 증거이기도 합니다.

자유의지는 곧 인간 내면의 힘이며, 인간의 자유를 상징합니다.

한 걸음 더 (1) 자유의지론과 결정론

인간에게는 자유의지가 있으며, 삶과 세계의 미래는 결정되어 있지 않다는 주장을 '자유의지론'이라고 합니다. '자유론'이라고도 하고요. 그와 달리 삶과 세계의 운명이 필연적으로 결정되어 있다고 보는 견해를 '결정론'이라고 하지요. 즉 결정론은 모든 일의 원인과 결과가 이미 정해져 있다는 것입니다. 따라서 결정론의 시각에서는 인간의 노력을 무의미하게 여기게 되지요.

한 걸음 더 (2) 유전자결정론과 환경결정론

결정론을 내세우는 학자들 중에는 '유전자결정론'과 '환경결정론'을 이야기하는 사람들이 있습니다. 유전자결정론은 유전자가 모든 생명체의 행동을 결정한다는 학설이지요. 대표적 인물이 영국의 생물학자 리처드 도킨스입니다. 그리고 환경결정론은 여러 환경 요소가 인간 행동의 차이를 만들어낸다는 관점입니다. 미국 심리학자 버러스 스키너가 그런 주장에 앞장섰지요.

나의 생각메모

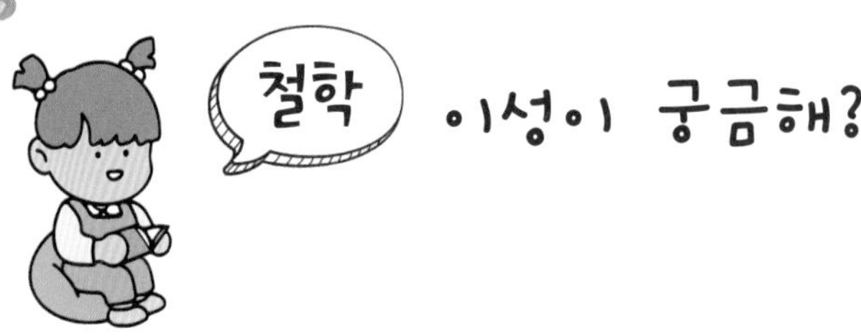

동물은 없고 인간에게만 있는 것

우리는 흔히 "인간은 이성적으로 행동한다."라고 말합니다. 여기서 이야기하는 '이성'은 옳고 그름, 선과 악, 그리고 아름다운 것과 추한 것을 올바르게 판단하는 능력을 일컫습니다. 아울러 이성은 이 책에서 공부하고 있는 개념어들로 세계를 이해하며 다양한 가치에 대해 사고하는 능력이기도 하지요.

이성은 인간만이 가진 능력입니다. 인간이 아닌 동물들은 오직 본능에 따라 행동할 뿐이지요. 철학자 르네 데카르트는 이성을 '자연의 빛'이라고 했습니다. 그것은 인간의 이성이 세상의 어둠을 밝히는 빛처럼 숭고한 의미를 갖는다는 뜻이지요.

인간의 마음속에는 기쁨, 슬픔, 분노, 불안, 욕심, 두려움 등 여러 가지 감정이 수시로 휘몰아칩니다. 그런 감정의 폭발과 소용돌이를 다스리는 것이 다름 아닌 이성이지요. 물론 인간에게 어떤 현상이나 사건에 대해 느끼는 감정은 매우 소중합니다. 하지만 인간은 감정을 통제하고 논리적으로 생각할 줄 아는 이성이 발달해야 더욱 인간다워진다고 할 수 있습니다.

한 걸음 더 (1) 이성 말고 오성

철학 용어 중에 이성과 비슷한 '오성'이 있습니다. 그것은 개념을 만들고 판단하는 인간의 지성과 사고 능력을 가리키지요. 오성은 감성과 반대되는 것이며, 이성보다도 차원 높게 논리적이면서 합리적으로 생각할 줄 아는 능력을 말합니다. 참고로, 오성은 한자로 깨달을 오(悟)에 성품 성(性) 자를 쓰지요. 이성은 다스릴 리(理)에 성품 성(性)이고요.

한 걸음 더 (2) 순수이성과 실천이성

독일 출신의 임마누엘 칸트는 철학사에서 빼놓을 수 없는 중요한 인물입니다. 그는 '순수이성'과 '실천이성'이라는 개념을 이야기했습니다. 순수이성은 태어나면서부터 갖게 되는 인간의 이성으로, 무엇에 대해 이론적으로 인식하는 사고 능력을 말합니다. 그리고 실천이성은 도덕적인 실천 의지를 갖는 이성입니다. 순수이성과 실천이성은 하나의 이성이지만 서로 다른 관심에 적용된다는 차이가 있지요.

나의 생각메모

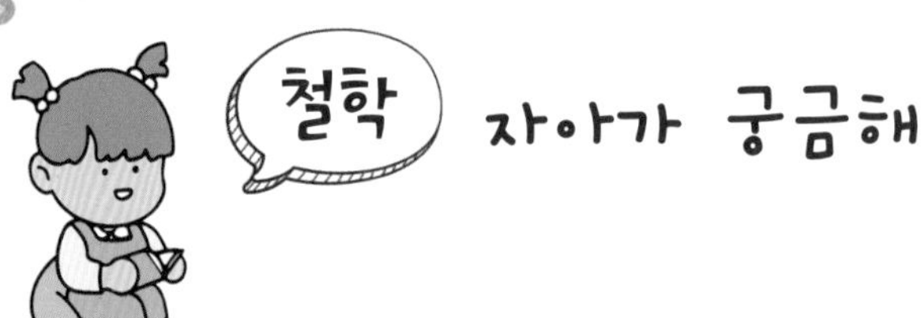

자아가 궁금해?

'나'에 대해 생각하는 '나'

인간은 아기로 태어나 성장하면서 차츰 '자아'를 발달시킵니다. 자아는 자기 자신의 생각과 감정 등을 지배하는 주체라고 할 수 있지요. 또한 다른 사람과 구별되는 자기 자신에 대한 의식이기도 합니다.

철학에서 자아에 대한 깨달음은 "너 자신을 알라."라고 가르친 소크라테스에서 시작되었다고 봅니다. 그 후 "나는 생각한다, 그러므로 나는 존재한다."라고 말한 르네 데카르트의 철학이 자아에 대한 탐구를 한 차원 더 발전시켰지요. '자신을 아는 것'과 '생각하는 나'는 모두 자아가 있어야 가능한 일입니다.

자아는 심리학에서도 중요하게 다루는 개념입니다. 심리학에서는 자아의 논리적 사고가 인간이 현실세계에 적응해 살아가는 것을 돕는다고 이야기합니다. 그러므로 자아실현을 위해 끊임없이 배우고 생각하는 노력을 기울여야 한다고 강조하지요. 그것은 자신의 내면에 깃든 잠재력을 최대한 끌어내는 것을 의미합니다.

한 걸음 더 (1) 소크라테스에 대해 알고 싶어

'소크라테스'는 플라톤, 아리스토텔레스와 함께 고대 그리스 철학을 앞장서 이끌었습니다. 태어난 해는 정확하지 않으나, 기원전 399년에 삶을 마친 것으로 알려져 있지요. 그는 철학적 대화와 토론을 즐겨 많은 제자들을 두었습니다. 그러나 세속적인 명예와 부에는 관심이 없었다고 전해지지요. 그는 훗날 민주주의를 부정하고 젊은이들을 현혹한다는 모함에 빠져 사형 선고를 받았습니다.

한 걸음 더 (2) 르네 데카르트에 대해 알고 싶어

프랑스에서 태어나 17세기에 활동한 철학자이자 수학자입니다. 근대 철학을 크게 발전시켰을 뿐만 아니라, 수학의 한 분야인 해석기하학이 발달하는 데 주도적인 역할을 했지요. 그는 모든 것을 의심하는 방식으로 진리를 탐구했습니다. 그러면서 모든 것을 의심하는 자기 존재만큼은 더 이상 의심할 수 없는 진리라고 확신했지요. 다시 말해 오직 '생각하는 나'만큼은 조금도 의심하지 못할 명백한 진리라는 주장입니다.

나의 생각메모

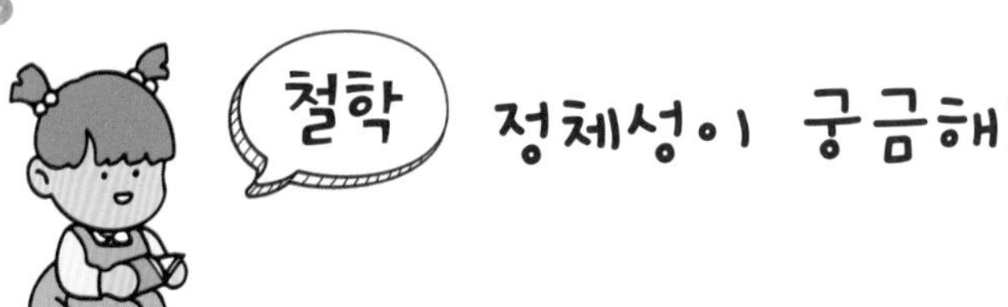

이게 내 존재의 근본이야

'청소년기에 자신의 정체성이 만들어진다.'라는 말이 있습니다. '정체성'이란 개인이 자기 자신에 대해 갖는 생각이라고 할 수 있지요. 자신이 어떤 사람이며, 자신의 삶이 어디로 나아가고 있는지, 자신이 속한 사회에 어떻게 적응할 것인지 등에 관한 의식이 바로 정체성입니다.

정체성 형성에 영향을 끼치는 요소는 다양합니다. 가족과 친구를 비롯한 인간관계부터 직업, 종교, 국가 등이 개인의 정체성에 변화를 가져오지요. 요즘은 대중매체와 다채로운 온라인 문화가 정체성 형성에 중요한 원인이 되기도 합니다.

정체성은 자신과 다른 사람들을 구별하는 기준입니다. 자신의 생활환경과 기억, 미래를 향한 가치관 등이 고유의 정체성을 갖게 하지요. 그런데 정체성은 이따금 타인에 의해 규정되기도 합니다. 그 경우 자칫 편견과 선입견 탓에 상대방을 함부로 평가할 위험이 있지요. 또한 정체성은 개인을 넘어 어떤 집단을 규정하기도 합니다. '민족 정체성', '사회 정체성' 같은 것이 그와 같은 사례입니다.

한 걸음 더 (1) 정체성은 자기동일성

정체성을 '자기동일성' 또는 '자아동일성'이라고 설명하기도 합니다. 그 말은 어느 개인이 현재의 자신은 언제나 과거의 자신과 같으며, 미래의 자신과도 한결같이 이어진다고 생각하는 것이지요. 그렇게 자신이 다른 사람들과 구별된다고 믿는 것입니다. 그와 같이 시간이 흘러도 좀처럼 변하지 않는 자기 존재의 근본을 깨닫는 것이 곧 정체성을 굳건히 하는 길이지요.

한 걸음 더 (2) 자아존중감이 필요해

'나는 사랑받을 가치가 있는 소중한 사람이야.', '나는 소망하는 성과를 반드시 이뤄낼 재능을 가진 사람이야.' 누군가 자신에 대해 이렇게 생각한다면 '자아존중감'이 가득하다고 이야기할 수 있습니다. 짧게 줄여 '자존감'이라고도 하는데, 그것은 지금 있는 그대로 자신의 모습을 긍정하는 자세지요. 정체성이 확립되어야 자아존중감을 갖게 됩니다.

나의 생각메모

자유권이 궁금해?

누구도 빼앗지 못할 개인의 권리

앞서 사회 관련 개념어를 공부하면서 '자유권'에 대해 이야기했습니다. 그것이 국민의 기본권 중 하나라는 설명이었지요. 그런데 오늘날 우리가 누리는 자유권은 철학 관련 개념어로 먼저 공부해야 순서가 맞습니다.

17세기 철학자 존 로크는 일찍이 인간의 자유권을 강조했습니다. 모든 사람에게는 타인이나 국가로부터 개인의 자유를 방해받지 않을 권리가 있다는 말이었지요. 그는 자유권을 생명권, 행복권, 재산권과 더불어 누구도 빼앗아갈 수 없는 권리로 보았습니다. 아울러 자기 자신도 맘대로 포기할 수 없다고 덧붙였지요.

그런 까닭에 존 로크의 자유권은 방종과 구별되는 진정한 자유를 의미합니다. 그의 자유권은 자신의 자유와 생명, 행복, 재산을 스스로 포기하는 것 역시 금지하기 때문입니다. 자유는 무책임하게 행동하는 방종과 전혀 다른 것이지요.

그 후 존 로크의 자유권 철학은 미국 독립선언문에도 그대로 담겼습니다. 모든 사람의 생명과 자유와 행복을 지키는 것이 정부의 존재 이유라는 내용이지요.

한 걸음 더 (1) 자유권은 천부인권 사상

존 로크가 이야기한 자유권, 생명권, 행복권, 재산권을 일컬어 '자연권'이라고 합니다. 인간이 세상에 태어나는 순간부터 자연스럽게 갖게 되는 권리라는 말이지요. 다른 개념어로는 '천부인권'이라고 하는데, 여기서 천부는 '하늘이 줌' 또는 '태어날 때부터 지님'이라는 뜻입니다. 그와 같은 천부인권은 민주주의의 기본 사상입니다.

한 걸음 더 (2) 소극적 자유와 적극적 자유

인간의 자유에는 '소극적 자유'와 '적극적 자유'가 있습니다. 소극적 자유는 개인이 어떤 구속이나 간섭 없이 자기 의지대로 말하고 행동하는 상태를 말합니다. 소극적 자유가 있으며 자기가 싫어하는 것을 하지 않을 수도 있지요. 적극적 자유는 자신이 하려는 어떤 것을 능동적으로 해낼 만한 환경과 능력을 의미합니다. 무엇을 스스로 결정하고 실천에 옮길 수 있는 상태지요. 그런데 적극적 자유를 누리려면 우선 소극적 자유가 보장돼야 합니다.

나의 생각메모

정의가 궁금해?

정의로운 사회가 행복한 사회

모든 구성원들이 기꺼이 자신의 역할을 다하고 나서 마땅히 누려야 할 대가를 받는 사회. 개인 간에 올바른 도리가 작용하고 공정한 원칙에 따라 유지되는 사회. 우리는 그와 같은 사회를 가리켜 '정의'가 실현되었다고 합니다.

정의는 크게 '결과적 정의'와 '절차적 정의'로 구분합니다.

결과적 정의를 앞세운 인물은 제레미 벤담, 존 스튜어트 밀 같은 '공리주의' 철학자들입니다. 그들은 개인의 행복보다 전체 행복의 합이 더 중요한 정의라고 생각해 '최대 다수의 최대 행복'을 주장했지요. 그들의 정의는 자본주의를 발달시켜 국가의 부를 늘렸지만, 자칫 전체를 위해 개인의 희생을 당연시할 위험이 있습니다.

결과적 정의의 문제를 지적하며 절차적 정의를 이야기한 철학자는 존 롤스입니다. 그는 '최대 다수의 최대 행복'이라는 논리가 사회적 이익과 공공의 이익을 위해 개인의 권리를 침해한다고 보았지요. 존 롤스는 무엇보다 절차가 공정해야 분배의 정의, 기회균등의 정의가 실현된다고 말했습니다.

한 걸음 더 (1) 공리주의에 대해 알고 싶어

공리주의는 19세기 영국을 중심으로 발달한 사상입니다. 앞서 설명했듯, 공리주의의 정의는 가능한 한 많은 수의 사람이 최대한 행복을 느끼게 하는 것이지요. 여기서 한자어 '공리'는 공공의 이익이라는 뜻이 아니라 '어떤 목적을 실현하는 데 도움이 되는 효용(쓸모)'을 의미합니다. 그러므로 공리주의는 일의 목적이나 옳고 그름의 판단 기준을 인간의 이익과 행복감을 높이는 데 두지요.

한 걸음 더 (2) 분배의 정의? 기회균등의 정의?

'분배'란 생산 과정에 참여한 개인들이 이익을 함께 나누는 것을 말합니다. 따라서 '분배의 정의'는 분배하는 과정이 공정하고, 사회적 약자에 대한 배려가 이루어지는 상태를 일컫지요. 또한 '기회균등의 정의'는 결과의 불평등을 인정하면서도, 그 절차와 경쟁에는 모든 구성원에게 차별 없이 기회가 주어져야 한다는 원칙입니다.

나의 생각메모

선의지가 궁금해?

선을 행하려는 순수한 마음

인간은 칭찬을 받으려고 착한 일을 하는 것이 아니라 '선의지' 때문에 그런 행위를 한다는 견해가 있습니다. 선의지란, 선을 실천하고자 하는 순수한 동기에서 나오는 인간의 의지를 일컫지요. 그것은 곧 '착한 마음의 힘'이기도 합니다.

선의지를 이야기한 철학자는 임마누엘 칸트입니다. 그는 인간의 행위를 결과에 따라 옳거나 그르다고 판단하지 말라고 말했습니다. 만약 인간의 행위가 선의지에 따른 것이라면 결과에 상관없이 옳다고 여겼지요. 예를 들어 인간으로서 마땅히 해야 할 도리라고 생각해 폐지 수레 끄는 할아버지를 도왔을 경우, 그 행위는 선의지를 따랐기에 무조건 옳다는 것입니다. 그때의 선의지가 칭찬을 받으려는 기대나 남을 돕고 느끼는 행복감보다 중요하다는 뜻이지요.

임마누엘 칸트는 선의지에 대한 의무감이 필요하다고 주장했습니다. 타인의 박수를 바라거나 스스로 만끽하는 보람 없이, 인간이 반드시 해야 할 행동이라고 생각해 실천하는 선의지에 진정한 가치가 있다고 보았지요.

한 걸음 더 (1) 임마누엘 칸트의 선의지 사랑

임마누엘 칸트는 『윤리형이상학 정초』라고 제목 붙인 예사롭지 않은 책을 썼습니다. 그 앞부분에 '이 세상 어디에서든지, 또는 이 세상 밖 어디에서도 아무런 제한 없이 선하다고 생각할 수 있는 것은 선의지뿐이다.'라는 내용이 있지요. 다시 말해, 이 세상에서든 저 세상에서든 무한히 절대적으로 선한 것은 선의지뿐이라는 뜻입니다.

한 걸음 더 (2) 임마누엘 칸트에 대해 좀 더 알고 싶어

임마누엘 칸트는 1724년 독일의 가난한 수공업자 집안에서 태어났습니다. 그는 31살에 철학박사 학위를 받고 오랫동안 시간강사를 하다가, 46살이 되어서야 자기 고향에 있는 쾨니히스베르크대학의 철학과 교수가 되었지요. 임마누엘 칸트는 무신론자였으며, 늘 규칙적인 생활을 한 것으로 유명합니다. 이웃사람들이 그를 보면 시간을 알 수 있을 정도였다고 하지요. 또한 검소했고, 평생 결혼하지 않았습니다.

나의 생각메모

철학 형이상학이 궁금해?

존재의 본질과 근본에 관한 탐구

새롭게 발견한 생명체를 바라보는 두 가지 시각이 있습니다. 하나는 그 생명체의 몸 구조가 어떻고, 각각의 생체 기관이 어떤 역할을 하는지 궁금해 합니다. 그와 달리 또 다른 시각은 '이 생명체의 존재 이유는 무엇인가?', '이 생명체가 오랜 세월 얼마나 힘들게 생존해왔을까?' 등을 고민하지요.

먼저 이야기한 시각을 '자연과학'이라고 할 수 있습니다. 그것은 자연 현상 자체의 법칙을 연구하는 학문이지요. 그리고 두 번째 시각이 바로 '형이상학'입니다. 그것은 존재의 근본 원리에 대해 탐구하는 학문이지요.

형이상학을 학문으로 확립한 사람은 아리스토텔레스입니다. 그는 최고의 학문인 '제1 철학'이라는 의미로 형이상학이라는 용어를 사용했지요. 아리스토텔레스는 늘 변화하는 자연 세계의 밑바탕에는 영원불멸한 원리가 있다고 믿었고, 그 미지의 본질을 좇는 지혜의 학문을 형이상학이라고 한 것입니다.

한 걸음 더 (1) 형이상학 말고 형이하학

형이상학에 반대되는 용어로 '형이하학'이 있습니다. 한마디로 정의하면, 형이상학과 달리 형체가 있는 것을 대상으로 하는 학문을 일컫지요. 주로 생물학, 화학, 물리학 같은 자연과학을 가리키는 말로 쓰이고는 합니다. 형이상학이 개념을 만들고, 추리하고, 눈에 보이지 않는 질서를 이해하는 사유의 세계를 탐구한다면 형이하학은 현실 세계를 연구한다고 할 수 있습니다.

한 걸음 더 (2) 넌 너무 형이상학적이야!

여러 개념어가 그렇듯, 철학 용어인 형이상학도 그 의미가 확장돼 일상생활에서 널리 쓰이고 있습니다. 만약 어떤 사람에 대해 "그는 너무 형이상학적이야."라고 말한다면, 상대가 너무 관념적이고 추상적이라는 뜻이지요. 그것은 생각이 깊고 진지하다는 의미가 있지만, 보통은 현실성 없이 뜬구름 잡는 사람이라는 부정적인 평가가 더 강합니다.

나의 생각메모

가치중립성이 궁금해?

과학과 윤리를 탐구하는 첫 걸음

인간의 욕망이나 관심이 어떤 대상에 대해 갖는 중요성의 정도를 '가치'라고 합니다. 어떤 대상의 좋고 나쁨, 아름다움과 추함, 옳고 그름 등이 어느 정도인지 판단하는 것이지요.

가치에 대한 판단은 주관적입니다. 자신의 생각에 따라 상황을 해석하는 탓에 종종 편견과 선입견이 개입하기도 하지요. 그런 까닭에 똑같은 대상과 상황에 대해 사람들마다 다른 가치 판단을 하는 것은 자연스런 결과입니다.

하지만 과학 탐구나 윤리 문제에는 반드시 객관적인 가치 판단이 필요합니다. 그때 요구되는 것이 바로 '가치중립성'이지요. 과학이나 윤리의 차원에 개인의 세계관과 취향이 영향을 끼쳐서는 안 되기 때문입니다. 자신이 믿는 종교나 이념에 치우쳐 객관성을 잃어버리면 올바른 결론에 다다를 수 없습니다.

그런데 일부 학자들은 인간의 가치중립성이 불가능하다고 주장합니다. 그만큼 인간은 자신의 신념과 이해관계에서 자유로워지기 어렵다는 말입니다.

한 걸음 더 (1) 보편성과 객관성이 필요해

인간이 가치중립성을 가지려면 특정 상황에 대해 먼저 '보편성'과 '객관성'을 유지해야 합니다. 보편성은 어느 한 가지에 한정되지 않고 모든 것에 두루 미치거나 통하는 성질을 말하지요. 보편성이 부족하면 편협한 시각에 갇히게 됩니다. 그리고 객관성은 개인의 주관에 흔들리지 않아 언제 누가 보아도 마땅하다고 판단되는 성질을 일컫습니다. 객관성의 가장 큰 적이 다름 아닌 편견과 선입견이지요.

한 걸음 더 (2) 반증가능성이 중요하다고?

철학자 칼 포퍼는 과학 탐구에 '반증가능성'이 중요하다고 말했습니다. 아무리 가치중립성을 바탕으로 과학 이론을 연구해도 언제든 그것과 반대되는 증거들이 나올 수 있기 때문이지요. 그는 "모든 진리는 절대적이지 않고 잠정적이다."라고 말했습니다. 그러므로 어떤 과학 이론이라도 반증가능성을 받아들여야 한다는 것이지요.

나의 생각메모

합리주의가 궁금해?

이성과 논리와 필연의 사고방식

앞서 이성에 대해 공부한 것을 기억하나요? 그처럼 이성에서 비롯된 논리와 필연을 중요시하는 태도를 '합리주의'라고 합니다. 필연은 우연과 반대되는 말로, 어떤 관계나 결과가 반드시 그렇게 될 수밖에 없는 것을 뜻하지요.

합리주의는 충동에서 나오는 행동을 좋아하지 않습니다. 종교가 요구하는 맹목적인 믿음에도 부정적이지요.

또한 합리주의는 이 세상 모든 것에 인과관계가 있다고 이야기합니다. 즉 어떤 현상에는 예외 없이 원인이 있고 그에 따른 결과가 나타나는 것이라고 보지요. 그런 생각은 이성으로 알 수 있는 명백한 진리가 존재한다는 주장으로 이어집니다.

르네 데카르트가 시작해 바뤼흐 스피노자와 고트프리트 라이프니츠를 거치며 발전한 합리주의는 서양 철학사에 매우 큰 영향을 끼쳤습니다. 인간이 갖는 이성의 힘을 적극적으로 인정했으니까요. 그러나 일부 학자들은 합리주의가 인간의 감정을 소홀히 여기며, 심지어 억압한다고 비판하기도 했습니다.

한 걸음 더 (1) 바뤼흐 스피노자가 알고 싶어

'바뤼흐 스피노자'는 17세기 네덜란드 출신의 합리주의 철학자입니다. 그는 유대인 집안에서 태어났지만 유대교에서 믿는 유일신을 부정해 많은 어려움을 겪었습니다. 바뤼흐 스피노자는 '신은 자연이다.'라고 말하며, 자연을 초월한 곳에 신이 있다는 믿음을 거부했지요. 그는 인간의 모습을 한 신에 모순이 있다고 생각했습니다. 이 세계의 본질은 이성이고, 그 자체가 곧 신이라고 덧붙였지요.

한 걸음 더 (2) 고트프리트 라이프니츠가 알고 싶어

'고트프리트 라이프니츠'는 17~18세기에 활동한 독일 출신의 철학자이자 수학자, 물리학자입니다. 또한 심리학자이자 신학자였고, 외교관과 정치가 역할도 했으며, 시대를 앞서가는 천재 공상가로도 유명했지요. 그는 워낙 박식해 걸어 다니는 백과사전으로 불릴 정도였습니다. 놀랍게도 아이작 뉴턴과 더불어 수학 미적분학의 창시자로 알려져 있으며, 합리주의 철학의 전성기를 이룬 학자로 평가받지요.

나의 생각메모

철학 경험주의가 궁금해?

경험해야 분별하고, 판단하고, 알 수 있지

무엇을 분별하고 판단하는 길을 오직 경험에서만 찾는 철학 사상이 있습니다. 어떤 지식을 갖는 방법도 경험이 가장 중요하다고 말하는 철학 사상이지요. 그것이 다름 아닌 '경험주의'입니다.

경험주의는 이성만으로 올바른 철학적 결론에 다다를 수 없다고 주장합니다. "경험은 거짓말을 하지 않는다."라고 이야기한 프랜시스 베이컨의 사상을 바탕으로 발달한 경험주의는 17~18세기 영국을 중심으로 화려한 꽃을 피웠습니다. 영국 철학자 존 로크가 탄탄하게 이론을 닦았고, 역시 영국 철학자 데이비드 흄에 이르러 학문의 절정을 이루었지요.

프랜시스 베이컨의 경험주의는 기독교만 진리라고 여기던 중세 철학이 과학적 지식에 관심을 기울이는 계기가 되었습니다. 그 후 17~18세기의 경험주의는 논리적이며 분석적인 20세기 철학으로 이어졌지요. 경험주의는 지식의 뿌리를 이성에서 찾는 합리주의와 다른 방향에서 서양 철학의 번영을 이끌었습니다.

한 걸음 더 (1) 존 로크가 알고 싶어

이미 공부한 '자유권'에서 존 로크의 사상에 대해 간략히 설명했습니다. 존 로크는 17세기 영국에서 활동한 철학자이자 정치사상가입니다. 그는 철학자로서, 인간은 백지 상태로 태어나 여러 경험을 통해 지식과 지혜를 깨우쳐 간다는 경험론을 역설했지요. 또한 정치사상가로서 정부에 대한 시민들의 강력한 저항권을 주장해 프랑스 혁명 등에 영향을 끼친 것으로 알려져 있습니다.

한 걸음 더 (2) 데이비드 흄이 알고 싶어

18세기 영국 스코틀랜드 출신의 철학자입니다. 데이비드 흄은 인간의 지식이 이성이 아니라 경험으로 얻어진다고 믿었지요. 그는 사람들이 이성으로 깨달았다고 생각하는 지식이 실은 감정에 따라 갖게 된 인상에 불과하다며, 자신의 책에 '이성은 감정의 노예'라고 밝히기도 했습니다. 그와 같은 이론을 체계적으로 발전시킨 데이비드 흄은 오늘날 영국의 경험주의를 완성한 인물로 평가받고 있지요.

나의 생각메모

베이컨의 우상이 궁금해?

참된 지식을 가로막는 편견과 선입견

경험주의 철학자 프랜시스 베이컨은 지식의 중요성을 알리기 위해 "아는 것이 힘이다."라고 외쳤습니다. 또한 편견과 선입견을 '우상'이라고 표현하며, 올바른 지식을 갖기 위해서는 우상을 없애야 한다고 덧붙였지요.

프랜시스 베이컨은 4가지의 우상을 이야기했습니다.

첫 번째는 '종족의 우상'입니다. 그것은 인간이라는 종족이 스스로 만물의 영장이라며 모든 것을 사람 위주로 생각하는 데 대한 비판이지요. 두 번째는 '동굴의 우상'입니다. 인간이 동굴 같은 자기만의 환경에 갇혀 타인이나 다른 상황에 대한 이해가 부족하다는 의미지요. 세 번째는 '시장의 우상'입니다. 시장처럼 많은 말이 오가는 곳에서는 거짓이 오히려 진실로 둔갑할 수 있다는 경고지요. 네 번째는 '극장의 우상'입니다. 예를 들어, 그럴듯하게 꾸며진 무대 같은 유명한 책에 나오는 지식이라면 사람들이 무조건 진리로 받아들이는 것에 대한 지적이지요.

한 걸음 더 (1) 프랜시스 베이컨의 대표작 『신기관』

17세기 천재 철학자 프랜시스 베이컨은 60대에 이르러 『신기관』이라는 명작을 펴냈습니다. 이 책은 오늘날 근대 과학 지식의 기초를 닦았다고 평가받지요. 프랜시스 베이컨은 『신기관』을 통해 지난 시대 철학자들의 사상을 비판하며 '4대 우상론'을 설명했습니다. 앞서 말한 '종족의 우상, 동굴의 우상, 시장의 우상, 극장의 우상'이 그것이지요.

한 걸음 더 (2) 프랜시스 베이컨은 멋진 수필가이기도 해

현재 우리나라에는 프랜시스 베이컨의 저서가 여러 권 출판되어 있습니다. 그중에는 『신기관』과 『학문의 진보』 같은 철학서를 비롯해 『베이컨 수필집』도 있지요. 그는 절제된 표현과 빛나는 잠언 등이 담긴 문장으로 참, 죽음, 역경, 사랑, 시기심, 대담성, 무신론, 여행, 충고 등의 주제를 깊이 있게 풀어냈습니다. 프랜시스 베이컨의 수필은 그 시대를 대표하는 산문으로 평가받지요.

나의 생각메모

계몽주의가 궁금해?

이성·과학·자유·진보를 위하여

17~18세기 유럽에서는 다양한 철학 사상이 나타났습니다. 그중에는 '계몽주의'라는 새로운 물결도 있었지요. 계몽주의는 종교에 의존하던 지난 시대의 사회 질서에서 벗어나 인간의 이성과 인류의 진보를 믿으며 그 영역을 넓혀 갔습니다. 과학적으로 인간과 세계를 이해하는 교양이 세상에 널리 퍼져가기를 바랐지요.

당시 계몽주의는 철학 사상을 넘어 사회 운동으로 발달했습니다. 합리주의 철학자 바뤼흐 스피노자, 경험주의 철학자 존 로크와 데이비드 흄을 비롯해 볼테르, 장 자크 루소, 임마누엘 칸트 등이 계몽주의를 널리 소개했지요. 그들은 비합리적이고 불분명한 미신 같은 사회 풍토에 맞서 이성과 과학, 인간 중심의 세상이 만들어지는 데 앞장섰습니다.

특히 프랑스에서는 좀 더 강력한 계몽주의 사상이 유행했습니다. 그곳을 중심으로 무신론과, 앞으로 공부할 유물론이 등장하기도 했지요. 계몽주의는 오늘날 세계인이 보편적으로 갖는 자유주의 사상에까지 큰 영향을 끼쳤습니다.

한 걸음 더 (1) 유신론과 무신론

신의 존재를 인정하는 철학 사상 및 종교적 입장을 '유신론'이라고 합니다. 유신론자들은 인간 세계를 다스리는 초자연적인 존재가 있다고 믿지요. 일반적으로 유신론자들은 신이 인격적 존재이며 숭배의 대상이라고 생각합니다. 그와 달리 초인간적이고 초자연적인 존재를 부정하는 입장을 '무신론'이라고 합니다. 무신론자들은 과학을 내세워 신, 영혼, 내세 등에 관한 신앙을 거부합니다.

한 걸음 더 (2) 장 자크 루소가 알고 싶어

장 자크 루소는 18세기 프랑스의 철학자이자 소설가입니다. 그는 소설 『신 엘로이즈』 등을 써서 낭만주의 문학의 개척자 역할을 했으며, 『에밀』을 발표해 교육에 대한 시각을 넓혔지요. 특히 『에밀』은 주인공 에밀이 태어나 25살이 될 때까지 받는 교육 과정을 통해 인간에 대한 남다른 탐구를 보여줬습니다. 그 후에도 그는 『고백록』 등 여러 저서를 남겨 프랑스 지식 사회를 더욱 성장시켰지요.

나의 생각메모

실증주의가 궁금해?

과학적으로 관찰하고 경험하라

형이상학에 대해 공부한 것을 기억하나요?

이미 설명했듯, 형이상학은 존재의 근본 원리와 미지의 본질에 대해 탐구하는 학문입니다. 그렇게 직접 경험하지 못할 영역을 탐구하다 보니, 형이상학은 자주 추상적일 수밖에 없지요.

19세기 후반이 되자 마침내 형이상학을 비판하며 관찰과 실험, 경험과 검증을 중요시한 철학 사상이 등장했습니다. 바로 '실증주의'지요. 경험주의를 바탕으로 한 실증주의 철학자들은 구체성 없는 비현실적 존재 대신, 사실에 근거해 경험할 수 있는 연구 대상에 관심을 가졌습니다. 그와 같은 태도는 곧 철학을 넘어 법학과 역사학 등 다양한 학문으로 연결됐지요.

실증주의의 기반을 다진 철학자는 오귀스트 콩트입니다. 그가 실증주의의 핵심 내용을 잘 정리해 철학의 한 갈래가 될 수 있었지요. 그는 무엇보다 수학과 물리학 같은 자연과학의 연구 방식이 인간과 사회 탐구에도 필요하다고 주장했습니다.

한 걸음 더 (1) 오귀스트 콩트가 알고 싶어

· 프랑스에서 태어난 철학자입니다. 사회학을 창시한 학자로도 알려져 있지요. 그는 인간의 지식이 신이나 초자연적 힘에 기대는 '신학적 단계', 지나치게 이성에 의존하는 '형이상학적 단계', 그리고 과학과 경험으로 증명하는 '실증적 단계'의 3단계로 발전한다고 보았습니다. 즉 오귀스트 콩트는 세상의 모든 질문이 과학에 근거한 실증의 단계에 이르러야 제대로 설명될 수 있다고 생각한 것입니다.

한 걸음 더 (2) 실증주의가 낳은 또 다른 철학

실증주의는 20세기 초중반 독일과 오스트리아를 중심으로 한 '논리실증주의'로 이어졌습니다. 그 철학자들이 주로 오스트리아 빈에서 활동해 '빈 학파'라고 불렀지요. 그들은 철학적 이론을 내세우기보다 논리적인 분석을 강조했습니다. 논리실증주의는 그 후 '분석철학'이라는 새로운 흐름을 낳았지요. 언어와 일상의 기호 등을 다루는 분석철학은 오늘날 유럽과 미국의 철학 사상을 주도하고 있습니다.

나의 생각메모

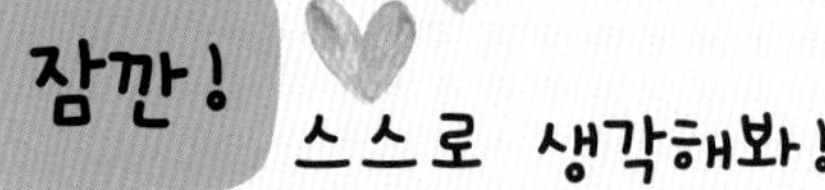

■ 여러분은 삶과 세계의 미래가 변화할 수 있다는 '자유론'과, 삶과 세계의 운명이 이미 결정되어 있다고 보는 '결정론' 중 어느 쪽을 믿나요? 그 이유에 대해 말해보아요.

잠깐! 스스로 생각해봐!

■ '공공의 이익'과 '개인의 권리'가 충돌하는 사례를 조사해보아요. 그 경우, 여러분은 어느 쪽이 더 중요하다고 생각하나요?

실용주의가 궁금해?

생각은 실천하고, 결과는 쓸모 있게

인간은 끊임없이 사고합니다. 머리로 사고한 것을 모두 몸으로 드러낼 수는 없지만, 인간의 사고는 그 자체로 충분한 가치를 갖습니다. 특히 철학은 언뜻 쓸모없어 보이는 인간의 사고를 통해 발달한 학문이지요. '생각하고 궁리함'이라는 뜻의 사고는 여느 동물과 구별되는 인간만의 특징입니다.

그런데 여러 갈래의 철학 중에서 유난히 '실천'과 '행동'을 앞세우는 사상이 있습니다. 19세기 후반 미국에서 싹튼 '실용주의'가 그것이지요. 근면하고 검소한 생활을 권장하는 청교도의 영향을 받고 서부 개척 정신을 체험한 미국인들은 실제로 일어나는 결과를 무엇보다 중요시했습니다. 그래서 '실제주의'라고도 하는 실용주의가 탄생했지요.

실용주의는 인간의 사고가 실천을 위한 수단이라고 이야기합니다. 아무리 심오한 사고라도 행동으로 실천하고 그에 걸맞은 결과를 내야 의미가 있다는 것이지요. 또한 실험과 검증을 거쳐 객관적으로 타당한 것만이 진리라고 말합니다.

한 걸음 더 (1) 퍼스와 제임스, 그리고 듀이

실용주의 철학의 선구자는 '찰스 샌더스 퍼스'입니다. 1839년 미국에서 태어난 그는 경험론을 적극 받아들여, 모든 개념이 실제 결과를 좇으며 미래를 바라봐야 한다고 말했지요. 그의 실용주의는 '윌리엄 제임스'로 계승돼 이론의 완성도를 높였습니다. 윌리엄 제임스는 성과와 이윤 같은 표현을 사용하며, 사물의 쓸모를 철저히 결과로 판단했지요. 그리고 뒤이어 철학자 '존 듀이'가 등장해 교육 역시 실생활에서 이루어져 실용적인 도움이 되어야 한다고 역설했습니다.

한 걸음 더 (2) 실용주의 철학자다운 말, 말, 말

"개념은 실천으로 검증할 경우에만 옳은 것이고, 행동의 결과로 나타내지 못하면 무의미하다." 찰스 샌더스 퍼스의 말입니다. "실제 얻어진 결과로 가치가 인정되는 것만이 참이다." 윌리엄 제임스의 말입니다. "지성과 지식은 미래의 행동을 위한 도구이다." 존 듀이의 말입니다. 이 말들은 모두 실용주의 정신을 대변합니다.

나의 생각메모

철학 공동체주의가 궁금해?

개인과 공동체의 행복이 다르지 않아

'공동체주의'는 말 그대로 공동체의 가치를 중요시하는 사상입니다. 개인이라는 존재가 가족, 사회, 국가, 민족 등의 구성원이라는 개념이 밑바탕에 깔려 있지요.

공동체주의는 '공동선'을 강조합니다. 공동선은 개인의 행복이나 자아실현이 아니라 사회와 국가, 나아가 온 인류를 위한 선을 앞세우지요. 개인의 이익보다 공익성을 추구하기 때문에 '공공선'이라고도 합니다.

일부에서는 공동체주의를 개인주의와 자유주의에 반대되는 것으로 받아들입니다. 공동체주의는 집단주의와 비슷해 개인의 자유를 억압한다고 생각하지요. 그러나 올바른 공동체주의는 개인의 가치를 존중하면서 조화롭게 함께 어울려 살아가는 공동체를 지향합니다. 다만 공동체주의는 개인에게 좋은 삶이 공동체와 분리될 수 없다고 믿는 것이지요.

철학에서 공동체주의는 '공화주의'와 관련이 깊은 것으로 봅니다. 공화주의 역시 개인의 사적 권리보다 시민으로서 갖춰야 할 덕을 우선시하는 사상입니다.

한 걸음 더 (1) 공동체주의와 전체주의는 달라

공동체주의는 종종 집단주의를 넘어 '전체주의'라는 오해를 받습니다. 그러나 전체주의는 국가 권력으로 국민을 통제하면서, 전체 속에서만 개인이 존재 가치를 갖는다고 말하지요. 전체주의는 공동체가 파괴되더라도 국가를 위해 희생하라며 개인을 억압합니다. 즉 공동체주의에는 개인이 있지만, 전체주의에는 개인이 없습니다.

한 걸음 더 (2) 개인주의에 대해 알고 싶어

'개인주의'는 국가나 사회보다 개인의 존재를 더 중요하게 여깁니다. 개인의 권리와 자유에 주목해 모든 사람들의 자율성과 독립성, 자기결정권을 내세우지요. 자본주의가 등장하고 프랑스혁명이 일어나면서 개인주의라는 개념이 발달하기 시작했습니다. 그 후 1840년 프랑스 정치철학자 알렉시스 드 토크빌이 '가족이나 친구에게만 관심을 갖는 온건한 이기주의'라면서 개인주의라는 용어를 처음 사용했지요.

나의 생각메모

연역법과 귀납법이 궁금해?

두 가지 방법으로 지식 구하기

어떤 지식을 탐구해 결론을 이끌어내는 방법은 크게 2가지로 구별합니다. 하나는 '연역법'이고 다른 하나는 '귀납법'이지요.

연역법은 명백한 지식에서 시작해 또 다른 개별적 지식을 알아가는 방법입니다. 예를 들어 '모든 동물은 죽는다.'라는 분명한 진리에서 출발해 '토끼는 동물이므로 죽는다.'라는 논리로 연결할 수 있지요. 그 다음은 '사람은 동물이다.'와 '그러므로 사람도 죽는다.'라고 이야기할 수 있습니다. 즉 '모든 동물은 죽는다.'라는 진리에서 출발해 '그러므로 사람도 죽는다.'라는 개별적 진리를 깨우치는 식이지요.

귀납법은 개별적인 지식들을 바탕으로 보편적인 확실한 진리를 알아내는 방법입니다. 다양한 현상을 관찰하며 실험과 경험을 통해 새로운 결론에 이르게 되지요. 이를테면 '토끼는 죽는다.', '호랑이는 죽는다.', '기린은 죽는다.'라는 각각의 지식이 '토끼와 호랑이와 기린은 모두 동물이다.'로 연결되고 '사람도 동물이므로 죽는다.'라는 또 다른 진리를 밝히는 식입니다.

한 걸음 더 (1) 추리·추론·논증

연역법과 귀납법은 지식을 '추리, 추론, 논증'하는 효과적인 방법입니다. 철학에서 추리는 이미 알고 있는 판단을 근거로 다른 판단을 이끌어내는 것을 일컫지요. 알고 있는 것을 살펴 모르는 것을 짐작해보는 것입니다. 추론 역시 추리와 비슷한데, 기존의 지식을 전제로 새로운 결론을 이끌어내는 논리적 과정이지요. 그리고 논증은 나름의 이유와 근거를 들어 어떤 주장을 펼치는 것을 말합니다.

한 걸음 더 (2) 합리주의의 연역법, 경험주의의 귀납법

앞서 르네 데카르트의 합리주의와 프랜시스 베이컨의 경험주의를 설명했습니다. 두 철학자는 각각 연역법과 귀납법을 확립한 인물로도 평가받지요. 그러므로 합리주의 철학에서는 연역법을, 경험주의 철학에서는 귀납법을 진리에 다다르는 바람직한 방법이라고 생각합니다. 합리주의는 인간의 이성으로, 경험주의는 편견과 선입견 없는 관찰과 실험으로 진리를 찾으려고 했지요.

나의 생각메모

소크라테스의 대화법이 궁금해?

너 자신을 알라!

소크라테스는 고대 그리스의 철학자입니다. 그는 당시 자연의 원리에 관심이 컸던 그리스 철학의 흐름을 인간에게로 돌렸지요. 그때부터 인간의 내면을 살피며 진리를 추구하는 철학이 비로소 싹을 틔웠습니다.

소크라테스는 자기가 아는 것이 없다는 철학적 반성을 학문의 출발점으로 삼았습니다. 그는 "너 자신을 알라!"라고 외치며, 자기가 모른다는 사실을 아는 것이 무엇보다 중요하다고 말했지요. 또한 자신의 지식을 사람들에게 직접 가르치려들기보다 대화를 즐겼습니다. "당신을 행복하게 하는 것은 무엇입니까?", "악한 것과 선한 것은 어떻게 다릅니까?", "진정한 용기란 무엇입니까?" 소크라테스의 진지한 물음에 사람들은 저마다 자기의 생각을 이야기하기 시작했지요.

소크라테스는 자신이 지혜를 창조할 수는 없다고 믿었습니다. 그 대신 끊임없이 상대에게 묻고 대답을 들으며 스스로 자신의 무지와 편견을 깨닫도록 도왔지요. 그와 같은 '소크라테스의 대화법'은 진리를 탐구하는 매우 효과적인 방법이었습니다.

한 걸음 더 (1) 소크라테스의 산파술

소크라테스 어머니의 직업은 산파였다고 합니다. 산파는 산모의 곁을 지키며 출산 과정을 돕는 역할을 하지요. 소크라테스는 자신이 지혜를 낳지는 못해도, 다른 사람들이 지혜를 갖게 도움을 줄 수는 있다고 생각했습니다. 그래서 자신의 대화법을 '산파술'이라고 불렀지요. 소크라테스의 산파술은 직접 해답을 제시하기보다 스스로 깨달음을 얻게 하는 훌륭한 대화법이었습니다.

한 걸음 더 (2) 소크라테스·플라톤·아리스토텔레스

고대 그리스 철학의 중심은 소크라테스에서 플라톤과 아리스토텔레스로 이어졌습니다. 플라톤은 책 한 권 남기지 않은 스승 소크라테스를 알리는 데 많은 역할을 했지요. 그는 철학자가 다스리는 이상 국가를 꿈꾸기도 했습니다. 그리고 아리스토텔레스는 스승 플라톤의 이상주의보다 현실적이고 구체적인 학문 탐구에 매진했지요. 그는 철학을 넘어 물리학, 생물학, 정치학 등에도 큰 영향을 끼쳤습니다.

나의 생각메모

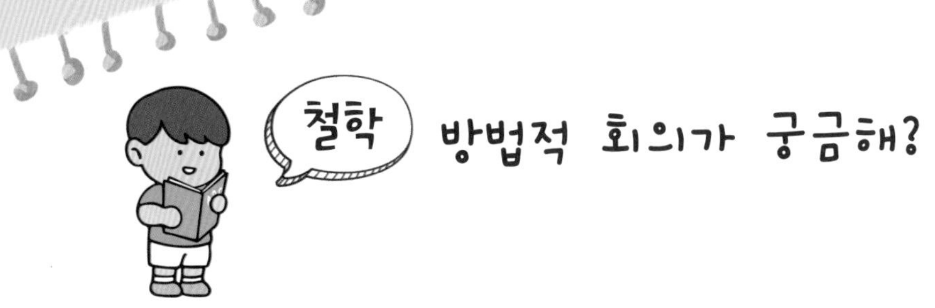

철학 방법적 회의가 궁금해?

제대로 알려면 의심해봐야 해

인간은 여러 가지 면에서 동물과 구별됩니다. 그 가운데 '생각'을 한다는 것도 중요한 차이지요. 근대 철학의 선구자로 인정받는 르네 데카르트는 생각에 관한 명언을 남겼습니다. 그는 "나는 생각한다, 그러므로 나는 존재한다."라고 했지요.

르네 데카르트는 학문을 하는 바람직한 자세에 대해, 조금이라도 불확실한 것은 모두 의심해봐야 한다고 주장했습니다. 그런 태도를 가리켜 '방법적 회의'라고 하지요. 그는 의심스러운 것은 틀린 것과 같다며, 의심스러운 것은 거짓을 대하듯 섣불리 동의하지 말아야 한다고 말했습니다.

르네 데카르트의 방법적 회의는 아무리 의심하려고 해도 더 이상 의심할 수 없는 진리를 찾기 위한 방법입니다. 그는 인간이 의심하며 생각할 줄 알아야 비로소 존재하는 것이라고 확신했습니다. 아울러 그는 아무리 세상의 모든 것을 의심할지언정, 의심하는 자신의 존재만은 의심할 수 없다고 덧붙였습니다.

한 걸음 더 (1) 회의주의는 뭘까?

'회의주의'의 '회의'는 의심을 품는다는 뜻입니다. 충분한 근거가 없어 판단을 보류하거나, 전통적인 상식과 권위를 비판 없이 받아들이는 대신 의심해보는 것이지요. 그러므로 회의주의는 인간의 인식이 주관적이고 상대적이라고 보아 진리로 여겨지는 것의 절대성을 의심하는 태도를 일컫습니다. 일찍이 고대 그리스 철학자 프로타고라스는 완전한 기준과 완전한 판단을 비판하며 진리의 상대성을 역설했지요.

한 걸음 더 (2) 『방법서설』과 코기토

르네 데카르트의 철학을 설명할 때 빼놓을 수 없는 것이 그의 저서 『방법서설』과 '코기토(cogito)'라는 용어입니다. 1637년에 나온 『방법서설』은 르네 데카르트의 철학적 자서전이면서 방법적 회의의 필요성을 논술한 책으로 유명하지요. 그리고 코기토는 『방법서설』에 등장하는 '나는 생각한다, 그러므로 나는 존재한다.'의 라틴어 원문 '코기토, 에르고 숨(Cogito, ergo sum)'을 의미하는 약칭입니다.

나의 생각메모

철학 삼단논법이 궁금해?

2개의 전제를 이용해 새로운 결론 내기

앞서 연역법에 대해 공부한 것을 떠올려보세요. 연역법은 명백한 지식에서 출발해 또 다른 개별적 지식을 알아가는 방법이라고 설명했지요. 연역법의 대표적인 예가 이번에 알아볼 '삼단논법'입니다. 그 역시 명백한 지식들을 바탕으로 또 다른 지식을 결론으로 이끌어내지요.

삼단논법을 한마디로 정리하면 'A=B이고 C=A면 C=B이다.'라는 식의 논리입니다. 이를테면 '모든 사람(A)은 죽는다(B).'를 대전제, '아리스토텔레스(C)는 사람(A)이다.'를 소전제로 했을 때 '그러므로 아리스토텔레스(C)는 죽는다(B).'라는 새로운 결론에 다다르게 되지요. 실제로 철학자 아리스토텔레스는 2개의 전제와 1개의 결론으로 이루어지는 삼단논법의 이론적 기초를 닦은 인물입니다.

그런데 현대 논리학에서는 삼단논법의 부정확성을 지적하기도 합니다. 예를 들어 '아기들은 천사다.'를 대전제, '천사는 날개가 있다.'를 소전제로 했을 때 '아기들은 날개가 있다.'라는 식의 잘못된 결론을 낳기 때문이지요.

한 걸음 더 (1) 정언삼단논법 · 가언삼단논법 · 선언삼단논법

'A=B이고 C=A면 C=B이다.' 또는 'A=B이다. B=C이다. 따라서 A=C이다.'라는 식의 삼단논법을 가리켜 '정언삼단논법'이라고 합니다. 그 밖에 '가언삼단논법'과 '선언삼단논법'이 있지요. 가언삼단논법은 '봄이 오면 꽃이 핀다.'(대전제), '봄이 왔다.'(소전제), '그러므로 꽃이 핀다.'(결론)를 예로 들 수 있습니다. 선언삼단논법은 '이 강아지는 암컷이거나 수컷이다.'(대전제), '이 강아지는 암컷이다.'(소전제), '그러므로 이 강아지는 수컷이 아니다.'(결론) 같은 경우를 말하지요.

한 걸음 더 (2) 연쇄삼단논법도 있어?

'연쇄삼단논법'은 삼단논법의 한 종류라기보다 2개 이상의 정언삼단논법이 연결된 논증 방법입니다. 그러니까 'A=B이다. B=C이다. 따라서 A=C이다.'에 이어 'A=C이다. C=D이다. 따라서 A=D이다.'라는 식의 논리 전개가 뒤따르지요. 앞의 삼단논법 결론이 뒤이은 삼단논법의 전제로 쓰여 또 다른 결론을 이끌어내는 것입니다.

나의 생각메모

영원히 변하지 않는 무엇

현실 세계에는 눈에 보이고 손에 만져지는 수많은 사물이 있습니다. 우리는 몸으로 겪는 하루하루가 삶의 전부라고 믿는 것처럼, 사물 역시 실제로 존재하는 그것이 전부라고 판단하지요. 하지만 철학자 플라톤의 생각은 달랐습니다.

플라톤은 감각으로 느끼는 사물의 현실 세계와 별도로 정신으로만 인식할 수 있는 '이데아'가 실재한다고 생각했습니다. 현실에 존재하는 사물은 유한한 수명과 함께 끊임없이 변화하는 성질을 지니지만, 이데아는 영원히 변하지 않는 사물의 근본이라고 보았지요. 덧붙여 플라톤은 현실의 사물이 단지 이데아를 흉내 낸 모사품에 지나지 않는다고 말했습니다.

플라톤은 인간의 지적 능력을 통해서만 이데아를 인식할 수 있다고 주장했습니다. 그러므로 진정한 철학자는 감각의 현실 세계가 아닌 이데아에 관심을 가져야 한다고 이야기했지요. 그에 따르면 현실 세계는 시간과 공간을 초월해 정말로 존재하는 이데아의 그림자일 뿐입니다.

한 걸음 더 (1) 이데아의 우리말 의미

'관념'을 뜻하기도 하는 영어 단어 '아이디어(idea)'는 이데아에서 유래했습니다. 관념은 어떤 일에 대한 견해나 신념, 현실에 의존하지 않는 추상적인 생각을 의미하지요. 우리말로는 이데아를 대개 '이상'으로 번역하는데, 그것은 가장 완전하다고 여겨지는 상태를 가리킵니다. 그런 까닭에 아이디어의 형용사인 영어 단어 '아이디얼(ideal)'도 '이상적인, 완벽한'이라고 해석하지요.

한 걸음 더 (2) 아카데메이아에서 아카데미로

오늘날 대학이나 연구소처럼 학문의 중심이 되는 기관을 '아카데미(academy)'라고 합니다. 학교나 학원 같은 교육 기관을 일컫기도 하지요. 그런데 아카데미라는 용어는 기원전 387년 무렵 플라톤이 그리스 아테네 근교에 설립했던 '아카데메이아'에서 유래했습니다. 그곳에서는 철학을 중심으로 수학, 음악, 천문학, 수사학 등의 교육이 이루어져 많은 인재를 배출했지요.

나의 생각메모

에토스와 로고스와 파토스가 궁금해?

설득의 기술

인간은 사회에서 법과 관습에 따라 생활하며 다른 사람들과 소통합니다. 그때 필요한 것 중 하나가 자신의 생각을 제대로 전달해 상대방을 설득할 줄 아는 능력이지요. 아리스토텔레스는 특히 공동체의 지도자가 꼭 갖춰야 할 최고의 자질로 '수사학'을 손꼽았습니다.

수사학은 누군가를 설득하기 위해 효과적인 문장과 어휘를 선택하는 방법을 연구하는 학문입니다. 아리스토텔레스가 발달시킨 수사학에서는 '에토스(Ethos), 로고스(Logos), 파토스(Pathos)'라는 3가지 덕목을 강조했습니다.

에토스는 이야기하는 사람의 고유한 성품을 의미합니다. 여기에는 신뢰감, 성실성, 공감 능력, 태도, 목소리, 시선 등 여러 요소가 영향을 끼치지요. 그리고 로고스는 논리가 뒷받침된 이성, 파토스는 상대방을 설득하기 위한 정서적 호소와 열정을 뜻합니다. 아리스토텔레스는 그 가운데 에토스가 가장 중요하다고 보았습니다.

한 걸음 더 (1) 수사학이 필요했던 이유

비록 성인 남성만 참여하는 한계가 있었지만, 아리스토텔레스가 활동하던 그리스 아테네는 직접민주주의를 실천한 곳입니다. 시민 총회가 열리면 성인 남성 누구나 직접 법률과 정책을 제안할 수 있었지요. 만약 법적 다툼이 벌어지면 스스로 검사와 변호사, 나아가 판사의 역할을 맡기도 했고요. 그러다 보니 아테네 시민은 연설을 통한 설득 능력이 매우 중요해 수사학 교육이 주목받았던 것입니다.

한 걸음 더 (2) 박학다식 천재 아리스토텔레스

아리스토텔레스는 여러 가지 학문 연구의 기초를 닦은 위대한 철학자입니다. 그의 발명품이라고 할 수 있는 연역과 귀납의 개념을 비롯해 삼단논법은 서양 논리학의 출발점이 되었지요. 그는 형이상학을 학문으로 정립한 인물이기도 합니다. 그에 더해 아리스토텔레스는 최초의 문예비평서라고 할 만한 『시학』을 썼으며, 『니코마코스 윤리학』으로 서양 윤리학의 토대를 마련했지요. 그의 『수사학』은 지금의 대중문화에까지 적지 않은 영향을 끼치고 있습니다.

나의 생각메모

변증법이 궁금해?

진리가 고정관념이 되면 안 돼

고대 그리스에서 소크라테스는 진리에 도달하기 위해 대화법을 즐겨 사용했습니다. 그 후 플라톤은 우주 만물의 근원과 존재 이유를 형이상학의 차원에서 탐구했지요. 철학의 관점에서, 그것을 모두 '변증법'이라고 할 수 있습니다. 아리스토텔레스의 논리학도 마찬가지고요.

변증법을 통한 진리 탐구는 임마누엘 칸트와 게오르크 헤겔로 이어졌습니다. 그중 게오르크 헤겔의 변증법은 흔히 '정반합'의 원리로 설명되지요. 한자어를 덧붙여 구분하면, 정(正)과 반(反)과 합(合)을 의미합니다. 그러니까 '옳다고 여겨지는 진리(정)'가 있으면 거기에 대한 '반대 논리(반)'가 나타나고, 다시 이성과 경험에 의해 '새로운 진리(합)'가 등장한다는 것이지요.

변증법은 한 알의 씨앗이 땅에 파묻혀 새로운 씨앗이 열리는 이치로도 볼 수 있습니다. 처음의 씨앗이 '정'이라면, 줄기와 잎은 '반'이며, 다시 생겨나는 씨앗은 '합'인 셈이지요. 그처럼 인류의 지식은 정반합의 과정을 통해 발전해왔습니다.

한 걸음 더 (1) 게오르크 헤겔에 대해 알고 싶어

19세기 초반에 활동한 독일 철학자입니다. 그는 인간의 정신과 자연을 비롯한 모든 세계가 끊임없이 변화하며 진화한다고 주장했지요. 그 과정을 바로 정반합의 변증법 원리로 설명했습니다. 그와 같은 학문적 업적 덕분에 게오르크 헤겔은 독일 관념론 철학을 완성시킨 인물로 평가받지요. 그의 변증법 이론은 훗날 카를 마르크스의 사회주의 사상에도 큰 영향을 끼쳤습니다.

한 걸음 더 (2) 관념론은 또 뭐야?

방금 전, 게오르크 헤겔이 독일 '관념론' 철학을 완성시켰다고 이야기했습니다. 그렇다면 관념론이란 무엇일까요? 그것은 물질이 아니라 정신이 세계의 근원이라는 철학적 견해입니다. 독일 관념론은 임마누엘 칸트에서 시작해 요한 피히테와 프리드리히 셸링, 게오르크 헤겔로 이어졌지요. 요한 피히테의 경우, 인간의 정신이 모든 사물과 세계를 만들어낸다고 말하기도 했습니다.

나의 생각메모

유물론과 유심론이 궁금해?

눈에 보이는 것과 눈에 보이지 않는 것

우리는 서로 대립되는 개념을 비교할 때가 있습니다. 이를테면 '육체와 정신', '물질과 마음' 같은 것이 그렇지요. 그 경우 육체와 물질을 중요시하는 관점을 '유물론', 정신과 마음을 앞세우면 '유심론'이라고 말할 수 있습니다.

유물론은 만물의 근원을 물질이라고 봅니다. 인간의 모든 정신 활동도 결국 물질 운동에서 비롯되는 것이라고 이야기하지요.

유심론은 비물질적인 것이 세계의 본질이라고 봅니다. 비물질적인 것은 영혼, 정신, 지성, 마음, 인격, 생명 등을 뜻하지요.

유물론을 실재론이라고 한다면, 유심론은 관념론이라고 할 수 있습니다. 유물론이 눈에 보이고 손에 만져지는 것이라면, 유심론은 형체와 촉감을 느끼지 못하는 것이지요. 유물론은 자연과학 발달의 뿌리였으며, 사회주의 사상을 낳기도 했습니다. 유심론은 고대 그리스 철학부터 인류 정신문명의 든든한 버팀목이었지요.

한 걸음 더 (1) 유물론과 무신론

앞서 무신론은 초인간적이며 초자연적인 존재를 부정한다고 공부했습니다. 모든 존재를 물질의 관점에서 바라보는 유물론은 종종 무신론과 연결되지요. 무신론자가 곧 유물론자는 아니지만, 유물론자는 무신론자일 가능성이 매우 높습니다. 영혼과 정신마저 물질 운동에서 비롯되는 것이라고 보는 사람이 신의 존재를 긍정하며 믿음을 가질 수는 없으니까요.

한 걸음 더 (2) 유물사관과 유심사관

유물론과 유심론은 역사를 바라보는 시각에도 큰 차이를 나타냅니다. 인류 역사를 관념이 아니라 물질, 특히 경제 계급의 충돌로 이해하는 역사관을 '유물사관'이라고 하지요. 그것은 게오르크 헤겔의 변증법에 유물론을 더해 '변증법적 유물론'을 만들어낸 사회주의 사상가들의 역사 인식을 바탕으로 합니다. 그에 비해 인간의 이성 같은 정신 작용이 역사 발전의 원동력이라고 보는 것을 '유심사관'이라고 하지요.

나의 생각메모

유교가 궁금해?

공자님 말씀하시되, 맹자님 말씀하시되

중국의 공자를 시조로 하는 전통적인 학문을 '유학'이라고 합니다. '유교'는 그것을 종교적인 관점에서 일컫는 용어지요.

유교는 어질다는 뜻의 '인(仁)'과 예의범절이라는 뜻의 '예(禮)'를 근본 원리로 삼습니다. 나아가 자기 마음과 행동을 바르게 수양하고 가정을 잘 보살핀 다음 온 세상을 편안하게 한다는 이상을 추구하지요.

유교는 중국을 넘어 우리나라와 일본 등 동양 사상을 오랫동안 지배해왔습니다. 공자의 철학은 그의 제자들이 가르침을 옮겨 적은 『논어』에 잘 나타나 있지요. 그는 먼저 인을 강조했는데, 그것이 개인과 가정뿐만 아니라 사회의 질서를 조화롭게 만든다고 보았습니다. 그와 같은 도덕성과 더불어 예를 바탕으로 한 사회규범이 당시 혼란스러웠던 중국의 정치 상황까지 바로잡으리라 기대했지요.

공자 이후에는 맹자가 유교를 더욱 발전시켰습니다. 그는 공자의 사상에 옳고 의롭다는 뜻의 '의(義)'를 더해 동양 철학의 내면 탐구를 깊이 있게 이끌었지요.

한 걸음 더 (1) 배우고 때때로 익히면 즐겁지 아니한가

『논어』의 첫 문장은 '학이시습지 불역열호(學而時習之 不易說乎)'입니다. 우리말로 옮기면 '배우고 때때로 익히면 기쁘지 아니한가.'지요. 공자의 이 문장은 공부하는 즐거움을 이야기합니다. 그 공부는 쉼 없이 자신을 반성하며 마음과 정신을 풍요롭게 하는 것이지요. 그것은 우월과 열등을 따지는 경쟁이 아니라 스스로 자신을 성숙시키는 공부이므로 즐거울 수밖에 없습니다.

한 걸음 더 (2) 공자와 맹자가 한 번도 만나지 못했다고?

공자와 맹자의 철학에는 공통점이 적지 않습니다. 그렇지만 두 사람이 직접 학문을 함께한 스승과 제자 사이는 아니지요. 그도 그럴 것이 맹자는 공자가 죽고 나서 약 100년이 지난 뒤 태어났습니다. 공자는 기원전 551년에 태어나 기원전 479년에, 맹자는 기원전 372년에 태어나 기원전 289년에 세상을 떠났지요. 맹자가 만난 스승은 공자의 제자인 자사였습니다.

나의 생각메모

사서삼경이 궁금해?

동양 철학을 대표하는 보물들

유교는 동양 철학의 중심입니다. 유교의 기본 경전인 '사서삼경'을 살펴보면 위대함을 실감하게 되지요. 사서삼경은 『논어』, 『맹자』, 『대학』, 『중용』 사서와 『시경』, 『서경』, 『역경(주역)』 삼경을 한꺼번에 일컫는 용어입니다. 『예기』와 『춘추』를 더해 '사서오경'이라고 부르기도 하지요.

이미 말했듯, 『논어』는 공자의 언행을 기록한 책입니다. 공자 철학의 핵심인 인(仁)과 예(禮)를 비롯해 효(孝)와 충(忠)과 도(道)에 관해 이야기하지요. 『맹자』는 맹자의 제자들이 스승의 언행을 기록한 책으로, 그 양이 『논어』의 2배나 됩니다. 『대학』은 공자의 사상이라는 설과 자사 또는 증자의 사상이라는 설이 있는데, 교육의 목적과 그에 이르는 방법을 이야기합니다. 자사가 지은 『중용』은 지나치거나 모자람이 없는 중용의 미덕에 대해 설명하지요.

삼경 중 『시경』은 305편의 작품이 실린 중국에서 가장 오래된 시집입니다. 『서경』은 중국 고대사를 다루고, 『역경』은 만물을 음양 이론으로 설명하지요.

한 걸음 더 (1) 『예기』와 『춘추』에 대해 알고 싶어

사서오경에 포함되는 『예기』는 여러 사람이 예법에 관해 기록한 것을 모은 책입니다. 주요 행사를 치르는 법도인 의례의 절차를 밝히고 음악, 정치, 학문에 걸쳐 예의 근본에 대해 서술하고 있지요. 『춘추』는 공자가 기원전 722년부터 기원전 481년까지 중국의 역사를 기록한 책입니다. 공자의 역사관에 따라 역사적 사실을 연대순으로 나열했지요.

한 걸음 더 (2) 자사와 증자는 어떤 인물이야?

『대학』에 관해 설명하며 '자사'와 '증자'라는 인물을 언급했습니다. 본명이 공급인 자사는 공자의 손자이면서 고대 중국의 이름난 유학자였지요. '하늘과 사람이 하나'라는 뜻을 가진 '천인합일' 사상을 전파했습니다. 증자는 공자의 제자이면서 자사의 스승이기도 합니다. 그의 사상은 성찰과 효를 중요시하지요. 『논어』에 따르면, 증자는 하루에 3번 자신을 반성했다고 합니다.

나의 생각메모

성선설과 성악설이 궁금해?

착하게 태어나 악해지든가, 악하게 태어나 착해지든가

오래 전 동양에서는 사람이 태어나면서 갖는 성질인 본성에 대해 서로 다른 두 가지 목소리가 있었습니다. 하나는 '성선설'이고, 다른 하나는 '성악설'이지요.

성선설은 인간의 본성이 원래 착하다는 의견입니다. 맹자가 성선설을 주장한 대표적 인물이지요. 그는 사람이 태어나는 순간 어질고, 정의롭고, 예의바른 본성을 갖는다고 보았습니다. 더불어 남을 불쌍히 여기고, 자신의 잘못을 부끄러워하며, 사양하는 마음과 올바른 판단력을 갖는다고 생각했지요. 그러므로 사람들이 착한 본성을 잘 지키면 더 나은 세상을 만들 수 있다고 판단했습니다.

그와 반대로 성악설은 인간의 본성이 악하다는 것입니다. 성악설을 이야기한 인물은 맹자보다 70년쯤 뒤에 태어난 순자였지요. 그는 모든 사람이 태어나면서부터 이기심이 가득하다고 보았습니다. 누구나 남을 시기하고 미워하며, 자신의 욕심만 좇는다고 생각했지요. 그래서 순자는 사람의 도덕심을 믿지 않았고, 끊임없는 가르침을 통해 악한 마음을 다스려야 한다고 말했습니다.

한 걸음 더 (1) 순자에 대해 알고 싶어

중국 조나라의 철학자입니다. 기원전 298년 무렵 태어나 기원전 238년쯤 세상을 떠난 것으로 알려져 있지요. 순자는 공자의 사상을 이어받으면서 예(禮)로써 세상을 다스려야 한다고 역설했습니다. 예를 통해 사람들의 귀천까지 판가름할 수 있다고 보았지요. 또한 성악설을 내세워, 사람은 교육을 받아야만 나쁜 본성에서 벗어나는 것이 가능하다고 이야기했습니다.

한 걸음 더 (2) 성무선악설도 있어

맹자와 비슷한 시기에 중국에서 활동한 '고자'라는 철학자가 있습니다. 그의 사상 중 가장 유명한 것이 '성무선악설'이지요. 그것은 인간의 본성이 태어나면서부터 선하거나 악하지 않으며 오직 환경에 의해 결정된다고 보는 견해입니다. 그는 인간 역시 여느 동물처럼 본능적인 욕구만 가지고 태어난다고 믿었지요. 결국 동물에게 선악이 없듯 인간에게도 선천적인 선악은 없다는 것입니다.

나의 생각메모

사단칠정이 궁금해?

인간의 선천적인 도덕심

중국 송나라 때 공자와 맹자의 사상을 이어받아 새로운 체계로 해석한 유교의 한 갈래를 '성리학'이라고 합니다. '사단칠정'은 도덕의 실천을 비롯해 학문과 인격의 성취를 중요시한 성리학의 주요 철학 개념이지요.

맹자가 처음 언급한 '사단'은 인간의 본성에서 우러나오는 마음씨를 말합니다. 남을 가엽게 여기는 착한 마음인 '측은지심(惻隱之心)': 자신의 옳지 못함을 부끄러워하고 남의 그릇됨을 미워하는 마음인 '수오지심(羞惡之心)': 겸손하여 남에게 양보할 줄 아는 마음인 '사양지심(辭讓之心)': 잘잘못을 가려 따지는 마음인 '시비지심(是非之心)'이 그것이지요.

또한 『예기』에 나오는 '칠정'은 '기쁨, 노여움, 슬픔, 두려움, 사랑, 미움, 욕망'이라는 7가지 인간의 감정을 의미합니다. 성리학에서는 도덕적인 성격을 띠는 사단과 자연적인 성격을 띠는 칠정이 맞부딪히는 과정을 통해 인간의 심성이 드러난다고 이야기하지요. 즉 사단칠정이 인격과 도덕의 근원이라는 것입니다.

한 걸음 더 (1) 맹자가 말한 인의예지는 뭘까?

맹자는 모든 사람이 사단을 갖고 있다고 생각했습니다. 그것이 도덕적이면서 선천적인 능력이라고 보았지요. 그런 까닭에 맹자는 성선설을 외쳤던 것입니다. 아울러 맹자는 사람이 사단의 마음씨를 더욱 깊이 새기면 '어질고, 의롭고, 예의바르고, 지혜로움'이라는 뜻의 인의예지(仁義禮智)를 실현할 수 있다고 덧붙였습니다.

한 걸음 더 (2) 성리학에 대해 좀 더 알고 싶어

여느 철학이 그렇듯 유교도 시대에 따라 변화해왔습니다. 그것을 구별하기 위해 중국 한나라와 당나라 때의 유교를 '훈고학'이라 하고, 송나라 때의 유교를 '성리학'이라고 하지요. 그 뒤 명나라 때는 다시 '양명학'이 등장합니다. 성리학은 점점 형식화되어가는 훈고학에 대한 반발에서 탄생했습니다. 성리학자들은 형이상학의 차원에서 유교를 연구하며, 혼란한 시대 상황에 정신적 버팀목이 되려고 했지요. 그들은 실제 사물의 이치를 탐구해 지식을 깨우치려고 노력했습니다.

나의 생각메모

노장사상이 궁금해?

자연 법칙에 따라 욕심 없이

동양인의 삶에 절대적인 영향을 끼친 3대 철학(또는 종교)이라면 유교, 불교 그리고 '노장사상'을 손꼽을 수 있습니다. 노장사상은 '도가사상'이라고도 하는데, 노자에서 시작되어 장자로 이어지며 크게 발달했지요.

노장사상은 인과 예를 내세워 세상을 다스린다는 유교의 인간 중심 사고방식에 반대합니다. 충과 효 같은 윤리에도 관심을 갖지 않지요. 노장사상에서 가장 중요하게 생각하는 것은 자연 법칙입니다. 그 안에서 자질구레한 인간의 이해관계를 초월해 아무 욕심 없는 평온한 생활을 추구하지요.

나아가 노장사상은 만물의 근원이 무(無)라고 이야기합니다. 말 그대로 아무것도 없는 텅 빈 상태라는 것이지요. 선뜻 이해하기 쉽지 않지만, 무가 곧 자연이며 생명이라는 뜻입니다. 또한 노장사상은 인간 사회의 선악과 옳고 그름이 상대적인 가치일 뿐이라고 말합니다. 오직 깊은 이치를 깨우치는 경지인 도(道)만이 절대적이라며, 모든 인위적인 것을 버려야 그 세계에 다다를 수 있다고 역설합니다.

한 걸음 더 (1) 무위자연과 소국과민

노장사상은 '무위자연'을 이상적인 삶의 모습으로 여겼습니다. 사람의 힘을 더하지 않은 자연의 질서를 따르는 것, 아무것도 간섭하지 않으며 모든 욕심을 버리는 것이 무위자연의 삶입니다. 또한 노장사상은 나라가 크고 백성이 많으면 인위적인 제도와 규범이 만들어진다고 보았습니다. 따라서 '소국과민', 즉 나라의 규모가 작고 백성 수가 적어야 무위자연의 이상 사회를 만들 수 있다고 주장했지요.

한 걸음 더 (2) 노자와 장자에 대해 알고 싶어

'노자'는 도가사상의 시조로, 인의예지나 도덕 등에 구애받지 않는 무위자연의 삶을 살라고 말했습니다. 아무런 욕심 없는 삶, 인위적이지 않은 삶을 권했지요. 『노자』라고도 하는 『도덕경』을 썼습니다. '장자'는 맹자와 같은 시대 인물입니다. 노자를 잇는 노장사상의 중심인물로, 번번이 따지고 판가름하는 유교의 가르침을 부정했지요. 『장자』를 썼습니다.

나의 생각메모

윤회가 궁금해?

세상에 나고 죽고, 다시 나고 죽고

불교와 힌두교는 인도가 발상지입니다. 두 종교는 한 가지 공통점을 가졌지요. 다름 아닌 '윤회'에 대한 믿음입니다.

윤회란 사람이 태어나 늙고 병들고 죽기를 끊임없이 반복하는 것입니다. 수레바퀴가 계속 구르는 것처럼 삶이 되풀이된다고 보지요. 나아가 생명을 가진 세상의 모든 동물이 윤회한다고 믿습니다.

윤회 사상에 따르면, 모두 인간은 지금의 삶에서 이룬 업에 따라 다음 세상의 삶이 결정됩니다. 업은 몸과 입과 마음으로 짓는 선악을 의미하지요. 그러니까 이번 생에 선행을 쌓으면 다음 생에 행복한 삶을 살고, 이번 생에 악행을·쌓으면 다음 생이 불행해진다는 것입니다. 심지어 인간으로 다시 태어나기는커녕 지옥에 머물거나, 짐승으로 환생할 수도 있습니다.

그런데 불교에서는 힌두교와 달리 윤회를 괴로움으로 봅니다. 다음 생의 부귀영화를 꿈꾸기보다는 깨달음을 얻어 윤회에서 벗어나 열반에 이르기를 바라지요.

한 걸음 더 (1) 불교에서 말하는 열반이란?

불교에서는 인간이 번뇌와 업 때문에 윤회의 굴레에서 헤어나지 못한다고 봅니다. 진리를 깨달아 그 얽매임을 벗는 것이 불교의 궁극적인 목표지요. 그것을 가리켜 '열반'이라고 합니다. 같은 뜻으로 '해탈' 또는 '니르바나'라는 용어를 쓰기도 하는데, 그 경지에 이르면 모든 생로병사의 속박에서 자유로워질 수 있다고 말합니다.

한 걸음 더 (2) 힌두교에 대해 알고 싶어

인도에는 불교보다 먼저 '브라만교'라는 종교가 있었습니다. 그것이 여러 토착 신앙과 결합해 새롭게 '힌두교'로 탄생했지요. 힌두교는 『베다』와 『우파니샤드』를 주요 경전으로 삼습니다. 신자들은 믿음에 충실하면서 공덕과 지혜를 쌓아 다음 생에 더 좋은 모습으로 윤회하기를 갈망하지요. 현재 인도와 네팔을 중심으로 약 11억 명이 넘는 신자들이 있다고 합니다.

나의 생각메모

■ 19세기 후반 미국에서 싹튼 실용주의는 '실제'와 '실천'을 앞세우는 장점 못지않게 '이익'과 '결과'에 집착하는 단점도 있습니다. 여러분의 생각은 어떤가요?

잠깐! 스스로 생각해봐!

■ 아무 조건 없이 선행을 베푸는 사람들을 보면 성선설이, 흉악한 범죄자들을 떠올리면 성악설이 맞는 것 같습니다. 여러분은 인간의 본성이 어느 쪽에 더 가깝다고 생각하나요?

개념어로 말해봐
문화·철학

초판 발행	2024년 12월 07일
초판 인쇄	2024년 12월 12일
지은이	콘텐츠랩
펴낸이	김태헌
펴낸곳	핑크물고기
주소	경기도 고양시 일산서구 대산로 53
출판등록	2021년 3월 11일 제2021-000062호
전화	031-911-3416
팩스	031-911-3417